Julia von Weiter

Im N

Das Buch

Digitale Medien sind fester Bestandteil im Leben von Kindern und Jugendlichen. Das Bedürfnis, sich zur Schau zu stellen, ist enorm und in ihrer kindlichen Unbefangenheit sind sich viele über die möglichen Konsequenzen gar nicht im Klaren. Jeder dritte Jugendliche hat schon einmal sexuelle Anmache im Internet erlebt. Die meisten Opfer sind zwischen 12 und 15 Jahren alt. Julia von Weiler beschreibt, welche Tricks die Täter anwenden und gibt den Eltern praktische Tipps zum Schutz der Kinder.

Die Autorin

Julia von Weiler war u. a. bis 2007 psychologische Leiterin einer stationären Einrichtung für Diagnostik gewaltgeschädigter Kinder tätig. Sie ist geschäftsführendes Vorstandsmitglied von Innocence in Danger e. V., war Mitglied im Bundesjungendkuratorium (17. Legislatur) und ist Beiratsmitglied des »unabhängigen Beauftragten zu Fragen sexuellen Kindesmissbrauchs« der Bundesregierung. Auch darüber hinaus ist sie in vielen Gremien aktiv.

Julia von Weiler
mit Doris Mendlewitsch
und Christine Gerber

Im Netz

Kinder vor sexueller Gewalt schützen

HERDER
FREIBURG · BASEL · WIEN

HERDER spektrum Band 6747

Aktualisierte und erweiterte Neuausgabe 2014

Titel der Originalausgabe: Im Netz.
Tatort Internet – Kinder vor sexueller Gewalt schützen

www.herder.de

Umschlaggestaltung: Verlag Herder
Umschlagmotiv: © F1online

Satz: Arnold & Domnick, Leipzig
Herstellung: CPI books GmbH, Leck

Printed in Germany

ISBN 978-3-451-06747-1

Inhalt

Vorwort

Die Digitalisierung hat unsere Welt nachhaltig verändert. Heute kann praktisch jeder von überall sofort mit jedem kommunizieren. Vier von zehn Siebenjährigen und bereits neun von zehn Zwölfjährigen sind im Netz. Die digitalen Medien und die digitale Kommunikation sind aus unserem Leben nicht mehr wegzudenken. WhatsApp, Skype, YouTube, Facebook und wie die Plattformen alle heißen, sie erweitern unseren Horizont. Gleichzeitig machen sie ihn aber auch enger. Wie viel unserer Aufmerksamkeit schenken wir noch dem Augenblick um uns herum? Zum Beispiel auf Konferenzen oder in den Ferien? Hören wir dem Redner zu – oder surfen wir online unter dem Vorwand wichtige Sätze zu twittern? Nehme ich das Kolosseum in Rom wirklich noch wahr, wenn ich es für das Homevideo zu 90 Prozent der Zeit durch den Bildschirm des Smartphones oder Tabletcomputers betrachte?

Freunde treffen und sich austauschen. Neue Menschen kennenlernen und sich anfreunden. All das geht offline wie online. Noch nie war das soziale Nahfeld so groß wie heute. Egal wo ich mich aufhalte – zu Hause, im Büro, in der S-Bahn oder auf einer Parkbank, kann ich digital Menschen überall auf der Welt kennenlernen. Ich kann mich annähern, ausbreiten, spielen, entdecken.

In dieser Welt wachsen Kinder und Jugendliche heran. Sie sind umgeben von Menschen, die digitale Medien nutzen, über das »Internet der Dinge« nachdenken und sich längst irgendwie gewöhnt haben an all das. Viele von uns aber haben auch die Kontrolle aufgegeben. Was kann ich schon tun gegen Facebook? WhatsApp ist so praktisch! Per Skype kann ich auch mein Kind in Südostasien jeden Tag morgens und abends sprechen. Ich muss meine Mails überall abrufen können, das verlangt der Job!

Immer und überall erreichbar. Immer und überall on. Immer und überall präsent. Im Jahr 2014 werden bei Facebook 351 Millionen Fotos, je 703 Millionen Fotos bei WhatsApp und Snapchat und immerhin noch 60 Millionen Bilder bei Instagram hochgeladen – pro Tag. Das Selfie (also das Selbstportrait) war dank der digitalen Technologie noch nie so leicht herzustellen wie heute. Es ist das Foto unserer Zeit. Die Auswahl der Bilder für das eigene Profil in den sozialen Netzwerken ist Ausdruck der Sehnsucht nach der verschönten Version des Selbst. Photoshop und digitale Optimierung für alle. Längst werden wir zu dieser Selbstpräsentation gezwungen. Nur wer außergewöhnlich individuell im Netz erscheint, bekommt das, wonach sich jeder sehnt: Aufmerksamkeit. Ich werde retweetet, gefolgt, geliked – also bin ich. Wir leben in einem Zeitalter der Selbstentblößung, ich nenne das digitalen Exhibitionismus. Wer sich nicht exhibitioniert, existiert nicht. In Kanada herrscht unter Jugendlichen das Credo »Pics, or it didn't happen.« Das heißt so viel wie »Fotobeweis, oder es ist nicht passiert«. Das alles ist schon eine Überforderung für uns Erwachsene. Kinder und Jugendliche beherrschen vielleicht die Technik, aber können sie die Folgen ihrer Selbstvermarktung auf Facebook, WhatsApp und YouTube wirklich durchschauen?

Medienkompetenz ist wichtig und sinnvoll. Wir alle sollten sie erlernen. Aber wir sollten eines begreifen, ein medienkompetentes Kind ist bei aller Medienkompetenz immer noch ein Kind und damit Erwachsenen oder älteren Jugendlichen unterlegen. Kinder brauchen unsere liebevolle Zuwendung, unsere Zuversicht, unser Interesse, unsere klare Haltung und sie brauchen unseren Schutz. Wir als Gesellschaft müssen den Kinderschutz endlich um den digitalen Kinderschutz erweitern.

Die Digitalisierung hat auch die Gewalt und vor allem die sexualisierte Gewalt nachhaltig verändert. Unter Erwachsenen nennt man es »Shitstorm« und die meisten fürchten ihn. Übersetzt heißt es so viel wie »einen Kübel Scheiße auskippen«. Und genau das passiert. Die Online-Anonymität öffnet Hetzerei und übelster Nachrede Tür und Tor. Es gelten keine Regeln mehr und als Opfer eines solchen Shitstorms fühlt man sich schmutzig und ohnmächtig.

Einer Studie zufolge gehört für 55 Prozent der britischen Kinder Cybermobbing längst zum Alltag.

Worin genau liegt die Gefahr? Cybermobbing, das Ausgrenzen und Fertigmachen anderer über digitale Medien und soziale Netzwerke sowie Cybergrooming, die gezielte Ansprache und Manipulation hin zu einem sexuellen Missbrauch, gehören zum Alltag unserer Kinder und Jugendlichen. Die digitalen Medien eröffnen Täterinnen und Tätern ganz neue Jagdgründe. Die Summe der Möglichkeiten, potentielle Opfer zu treffen steigt ins Unermessliche. Egal wo die Kinder leben, online bzw. digital kann ich ihnen begegnen. Im sozialen Netzwerk oder über das gerade angesagte Online Spiel, per WhatsApp oder via Skype. Oder über neue Plattformen, die wir jetzt noch gar nicht kennen können, weil sie so schnell entstehen.

Digital haben Täterinnen oder Tätern den Vorteil, sich ausschließlich auf dieses Mädchen oder diesen Jungen konzentrieren zu können. Sie müssen nicht dafür sorgen, dass die Eltern ihnen nichts anmerken, auch die Lehrerinnen oder Lehrer des Kindes sind ihnen egal. Sie bleiben praktisch unsichtbar und können sich ganz und gar nur um dieses Mädchen oder diesen Jungen kümmern. Sie in Ruhe ausspionieren und kennenlernen. Dabei haben sie oft den Vorteil, über das Profil im sozialen Netzwerk oder das gemeinsame Handeln im Online-Spiel schon ganz viele Informationen zu erhalten, die sie nie hätten, wenn sie dem Mädchen oder Jungen zum Beispiel real im Schwimmbad begegnet wären.

Das Handy, vor allen Dingen das Smartphone, erlaubt es Täterinnen oder Täter beständig im Kontakt zu sein mit dem betroffenen Mädchen oder Jungen. Sie können eine SMS schreiben, eine Nachricht auf WhatsApp schicken, bei Facebook posten – es gibt unzählige Kanäle über die sie die Beziehung zu diesem Kind festigen und intensivieren können. Wenn Misstrauen entsteht können sie darauf eingehen und sie können allem voran das Gefühl vermitteln: »Egal wo Du bist oder wohin Du auch gehst, ICH bin schon da.«

Die Digitalisierung bedeutet für sexuellen Missbrauch bzw. die Verbreitung von Missbrauchsabbildungen (Kinderpornografie), dass immer neue Aufnahmen produziert werden müssen. Wir sprechen hinterher nicht von missbrauchten Kindern, sondern von »Material« und kategorisieren es als illegal oder gerade noch legal. Solche Missbrauchsabbildungen befriedigen die Nachfrage nicht, sie provozieren immer mehr Verlangen. 2013 wurde offenbar, dass bei einem Schlag gegen ein solches Verbreitungsnetzwerk (Operation Spade) insgesamt 45 Terrabyte Daten sicher gestellt wurden. Das entspricht 30 000 komprimierten Kinofilmen, also etwa 3 000 000 Stunden Film bei einer Durchschnittslänge von 100 Minuten. Wenn wir uns klar machen, wie viele Kinder vor eine Kamera gelockt oder gezwungen worden sind, um eine solche Fülle an zum Teil grausamsten Aufnahmen zu generieren, bekommen wir eine ungefähre Ahnung von diesen Ausmaßen.

Kinder und Jugendliche brauchen aufgeklärte Erwachsene. Sie brauchen Menschen, denen sie sich anvertrauen können und die ihnen helfen. Das bedeutet, wir müssen lernen uns einem Thema zu stellen, über das am liebsten geschwiegen wird. Wir müssen lernen zu verstehen, wie Missbrauch entsteht, wie Täter oder Täterinnen vorgehen, was betroffene Kinder und Jugendliche brauchen und wo auch wir Hilfe finden, wenn wir einen Missbrauch vermuten.

Erst wenn wir uns in die Lage versetzen zu handeln, können wir Kinder effektiv schützen. Aufklärung ist die beste Prävention.

Kapitel 1
Worüber sprechen wir?

In diesem Buch behandle ich ein Thema, das einerseits allgegenwärtig, andererseits schwer fassbar ist. Cybergrooming, sexueller Missbrauch, sexualisierte Gewalt im Internet bzw. mittels digitaler Medien, Sexting, Kinderpornografie und der Online-Handel mit einschlägigen Bildern sind für viele Eltern, pädagogische Fachkräfte und andere Betreuungspersonen Phänomene, von denen sie schon einmal gehört haben. Doch den meisten dürften die Dimensionen nicht klar sein. Und nur die wenigsten werden vermuten, dass es sie oder ihre Kinder bzw. Schüler, Vereinsmitglieder usw. längst betrifft.

Doch die Wahrscheinlichkeit, dass Ihre Kinder oder Schutzbefohlenen online bereits in unangenehme Situationen geraten sind, bzw. die Gefahr, dass es dazu kommt, sind relativ hoch. Sexuellen Missbrauch hat es schon immer gegeben und Pornografie existiert seit der Erfindung der Fotografie, doch die digitalen Medien der Jetztzeit ermöglichen ganz andere Arten der Kontaktaufnahme und der Verbreitung als bisher. Sie gewähren Anonymität, laden dazu ein, sich verschiedene Identitäten zuzulegen, und bringen potenzielle Opfer und Täter viel »näher« zusammen als früher. Durch soziale Netzwerke, Online-Spiele und Messenger-Gruppen ist das soziale Nahfeld heute so groß wie noch nie.

Nahezu jedes Kind hat Zugang zum Internet, sei es über einen stationären Rechner, ein Tablet oder über ein Handy bzw. Smartphone. Gut die Hälfte der Kinder verfügt über ein Profil, also einen Namen mit Steckbrief und Foto, in einem sozialen Netzwerk, je nach Altersausschnitt ist der Anteil noch deutlich höher.

Soziale Netzwerke sind der Trend im Internet, bei den Erwachsenen ebenso wie bei den Kindern. Laut KIM-Studie 2012 des Medienpädagogischen Forschungsverbunds Südwest (mpfs) betrug der Anteil der 6- bis 13-Jährigen, die in einer Online-Community angemeldet waren, 44 Prozent. Zum Vergleich: 2008 nutzten 16 Prozent der Kinder Communities einmal pro Woche. Die Mädchen sind dabei etwas aktiver als die Jungen. Das ist insofern bemerkenswert, als die meisten Anbieter das Anlegen eines eigenen Profils erst mit zwölf Jahren oder später erlauben. Das zeigt schon, dass es mit der Echtheit einer Identität im Internet nicht weit her sein muss.

Was für Kinder gilt, trifft natürlich erst recht auf Erwachsene zu. Jeder, der es darauf anlegt, kann sich mit wenig Aufwand zu einer ganz anderen Person machen. Ein Beispiel: Wer seine pädophile Neigung früher verstecken musste, kann sich heute zwar auch nicht ungestraft öffentlich dazu bekennen, ihr aber im Netz doch mehr oder weniger ungestört nachgehen, sich entsprechende Bilder verschaffen und sogar den Kontakt zu Kindern knüpfen. Die »Auswahl« ist groß, wenn Kinder und Jugendliche freizügig mit ihren Daten umgehen und sich im vermeintlich sicheren Raum vor dem Rechner auf bestimmte »Spiele« und Konversationen einlassen. Und die Online-Welt ist häufig die Vorbereitungsphase für ein persönliches Treffen in der Offline-Welt.

Fokus Cybergrooming

Cybergrooming wird die perfide Vorgehensweise von Erwachsenen (übrigens: nicht nur Männern!) genannt, mit der sie sich über Online-Medien das Vertrauen von Kindern und Jugendlichen erschleichen, um sie für ihre sexuell motivierten Absichten zu missbrauchen. Es geht dabei um den Austausch von verbalem Sex, aber auch um den Versand von sexuellen oder pornografischen Bildern. Das umfasst Fotos von Geschlechtsteilen, Filme von Geschlechtsverkehr oder Selbstbefriedigungsakten usw. Wohlgemerkt: Es bleibt nicht immer bei eindeutigen Darstellungen der Erwachsenen, auch die Kinder beteiligen sich mit eigenen Bildern. Für viele Eltern ist schwer vorstellbar, dass ihre Kinder sexualisiert agieren, teilweise mit durchaus deftigen Ausdrücken oder drastischen Fotos. Dieser Mangel an elterlicher Fantasie schmälert oft die Aufmerksamkeit für die Gefahren, denen die Kinder ausgesetzt sind – und verursacht einen enormen Schock, wenn die Eltern entdecken müssen, dass es zu sexuell aufgeladenen Aktionen im Netz kam.

Ein Missbrauch im Netz allein ist schon schlimm genug. Die Kinder und Jugendlichen reagieren zutiefst verstört, wenn sie erkennen, dass sie getäuscht und ihr Vertrauen, eventuell sogar ihre Zuneigung, ausgenutzt worden sind. In vielen Fällen findet aber das Cybergrooming seine Fortsetzung auf anderer Ebene: Es kommt entweder zu einem tatsächlichen Treffen mit körperlichem Missbrauch, zur Veröffentlichung der Fotos im Netz oder anderswo, unter Umständen auch zum Handel oder Tausch der Fotos. In solchen Fällen sind die Folgen erschütternd.

In diesem Buch versuche ich, Eltern, pädagogische Fachkräfte und andere Menschen mit Verantwortung für Kinder für die Gefahren im Netz zu sensibilisieren, ihnen aber gleichzeitig auch handfeste Informationen und Ratschläge für Verhaltensweisen zu vermitteln. Es hilft nichts, wenn ich alarmierende Zahlen und Fakten darbiete, Sie dann aber damit allein lassen würde. Auch wenn es keine Patentrezepte und keine hundertprozentige Garantie für ein Verhalten gibt, das einen in jedem Fall vor Schaden bewahrt: Man kann eine Menge tun, um Gefahren zu minimieren und die Zeichen zu erkennen, wenn etwas schiefläuft.

Ich konzentriere mich in diesem Buch auf das Cybergrooming und weitere Formen sexualisierter Gewalt im Internet, angrenzende Gebiete sind hier und da eingeschlossen, weil es eben in der Realität auch so ist, dass sich aus dem einen das andere ergeben kann, aber nicht zwangsläufig ergeben muss. Nur in einem Exkurs werde ich kommerzielle Kinderpornografie und Fälle behandeln, in denen Kinder – auch von ihren Eltern – systematisch missbraucht werden, sei es für die eigene Befriedigung oder für die anderer, und deren Bilder unter Umständen im Netz kursieren. Das ist ein eigenes Feld, das auch einmal zu betrachten wäre. Mir liegt aber hier daran, den ganz normalen Eltern eine Handreichung zu geben, damit sie ihre Kinder vor den Gefahren im Netz schützen können. Denn viele Eltern sind sich noch nicht darüber im Klaren, was im Netz los ist.

Welche Altersgruppe ist gemeint? Im Wesentlichen die der 10- bis 15-Jährigen, sie sind für die sexuelle Anmache besonders empfänglich, weil sie sich durch die (Prä-)Pubertät in einer sexuell aufgeladenen Situation befinden, weil sie neugierig sind und sich und andere ausprobieren wollen. Doch da Kinder heutzutage immer früher ins Netz gehen und auch mit entsprechenden Geräten ausgestattet werden, sind auch die Eltern jüngerer Kinder angesprochen. Letztlich hängt wie stets alles vom Einzelfall ab. Auch coole 16-Jährige wissen längst nicht immer so gut Bescheid, wie sie glauben.

Wie dieses Buch angelegt ist

Ich nähere mich dem Problem der sexualisierten Gewalt im Netz und dem Cybergrooming von verschiedenen Seiten. Zunächst einmal geht es darum, zu klären, wie die Faszination des Internets entsteht und warum Kontrollmechanismen, die die Kinder und Jugendlichen normalerweise gut anwenden können, in der Online-Kommunikation nicht funktionieren. Da ich aus den Gesprächen mit betroffenen Eltern und aus der Beratungstätigkeit weiß, dass die Kinder ihren Eltern und Betreuern in den Kommunikationstechniken oft haushoch überlegen sind, kläre ich zunächst einmal die Grundbegriffe und die Dimensionen: Wie viele Kinder sind wann im Netz und was machen sie dort? Was sind Chats? Was ist ein Messenger und warum kann WhatsApp auch gefährlich sein? Welche Tricks werden angewendet, um sich eine oder mehrere falsche Identitäten zuzulegen, wo und wie findet sexualisierte Gewalt im Internet statt, in welchen Formen kann man ihr begegnen?

Selbstentblößung und Sex im Internet finden nicht im luftleeren Raum statt. Deshalb versuche ich auch, das Thema in einem größeren Kontext zu sehen und Ihr Augenmerk auf die Rahmenbedingungen zu lenken. Auf den zunehmend sexualisierten Alltag, in dem wir uns bewegen, auf die Verschiebung von Werten, auf die Überhöhung von Sex-Appeal zur scheinbar einzig wichtigen Währung. Das wird keine Moralpredigt, sondern soll dazu beitragen, die Grundsituation zu verdeutlichen, die sich wahrscheinlich von der Ihrer Jugend deutlich unterscheidet.

Sie werden einiges zur Psychologie lesen. Das ist zum einen mein Fachgebiet, zum anderen ist es aber in jedem Fall immens wichtig für Sie, zu verstehen, was in der Seele oder zumindest im Kopf der Beteiligten abläuft, wenn es zu sexualisierter

Gewalt im Internet kommt bzw. bereits gekommen ist. Die Beteiligten: Das sind die Täter, die Opfer und das Umfeld, also Sie. Jedem der Beteiligten widme ich ein eigenes Kapitel, in dem ich die psychologischen Vorgänge beschreibe, soweit sie sich verallgemeinern lassen. Denken Sie nicht, dass ich Sie und die Täter womöglich in einen Topf werfe, dass ich über psychologische Erklärungen etwa zu verständnisvollen Entschuldigungen verwerflicher Handlungen gelange. Das ist nicht meine Absicht. Ich meine aber, dass Sie besser präventiv tätig werden können, wenn Sie verstehen, welche Strategien Täter anwenden und warum Ihre Tochter oder Ihr Sohn bzw. Ihre Schutzbefohlenen darauf hereinfallen. Und nicht zuletzt geht es ja auch um Sie. Sie tragen Verantwortung und es ist wichtig zu klären, warum Sie vielleicht manchmal nicht genau genug hinsehen, warum Sie Zeichen ignorieren, warum Sie sich manche Dinge schlichtweg nicht vorstellen können.

Es geht aber nicht nur um Prävention, sondern auch um Ihre Möglichkeiten für den Fall, dass Ihr Kind Opfer von sexualisierter Gewalt geworden ist. Es ist für die ganze Familie eine schwierige Aufgabe, diese Situation zu bewältigen, diesem Problem widme ich ein ganzes Kapitel.

Konkrete Tipps und Hinweise, etwa wie man ein Internetabkommen in der Familie schließt, finden Sie im letzten Kapitel. Sie können als Grundlagen für sicheres Surfen und die Aufklärung über sexuelle Gewalt dienen.

Studien und Erfahrungen

Genaue Nachweise zu den verwendeten Studien und andere Literatur stehen im Anhang. Dieses Buch ist zwar wissenschaftlich fundiert, aber keine akademische Arbeit, sondern zu großen Teilen gespeist aus der Praxis. Über Jahre habe ich in verschiedenen diagnostischen und therapeutischen Einrichtungen gearbeitet und bin dabei zahlreichen Kindern und Erwachsenen begegnet, die in irgendeiner Form von sexuellem Missbrauch oder von sexualisierter Gewalt auch im Internet betroffen waren. Ich habe gesehen, welche nur schlecht oder gar nicht verheilenden seelischen Wunden diese verstörenden Erlebnisse hinterließen. Und ich habe sehr deutlich vor Augen, wie auch die Angehörigen unter der Verletzung leiden.

Die Studien, die ich zitiere, sind nötig, weil sie die Dimensionen des Problems mit handfesten Zahlen darstellen. Das Fundament für das Verstehen, warum Dinge schieflaufen können, sind aber vor allem die vielen Gespräche, die ich über die Jahre geführt habe. Wenn man im Originalton hört, warum beispielsweise ein Kind dachte, es sei nichts dabei, sich mal mit einem unbekannten »Freund« aus dem Netz in echt zu treffen, warum eine Jugendliche sich nicht traute, bei der Anfertigung von Sexvideos in ihrer Clique die Kooperation zu verweigern, warum die »abgebrühten« kleinen Jungs glauben, sie hätten alles im Griff – dann bekommt man doch einen sehr plastischen, lebensnahen Eindruck von der Wirklichkeit.

Dieses konkrete Bild von der Realität ist unbedingt nötig, um wirksame Präventionskonzepte zu entwickeln. Und darum geht es vor allem, denn jeder »Fall«, der keiner wird, ist ein Gewinn. Der Verein Innocence in Danger, dessen geschäftsführendes Vorstandsmitglied ich bin, arbeitet auf verschiedenen Ebenen, um die Prävention zu verbessern. So wollen wir

Jugendhilfeorganisationen, die gegen sexuellen Missbrauch und pornografische Ausbeutung an Kindern im Internet arbeiten, mit Sponsoren aus der Wirtschaft vernetzen. Dieses Sponsoring soll unter anderem Modellprojekte entwickeln bzw. finanzieren oder aber bereits bestehende Projekte erhalten. Außerdem versuchen wir, das Thema des sexuellen Missbrauchs in den digitalen Medien in das Bewusstsein der Öffentlichkeit zu bringen und so Eltern und Betreuungspersonen dafür zu sensibilisieren. Ein Schwerpunkt unserer Aktivitäten liegt in der Präventionsarbeit, in der wir teils mit Jugendlichen zusammen Strategien für den sicheren Umgang mit Internet und Handy entwickeln. Die Zusammenarbeit mit Kindern und Jugendlichen ist unserer Erfahrung nach unabdingbar, weil Prävention nur dann funktioniert, wenn sie den Betreffenden nicht als Maßnahmen übergestülpt wird, sondern von ihnen selbst als richtig und notwendig erkannt wird. Nur dann besteht die Chance, dass wirksame Verhaltensweisen auch tatsächlich angewendet werden. Einige der Projekte des Vereins habe ich in Kapitel 9 kurz skizziert, weitere Informationen finden Sie auch auf www.innocenceindanger.de.

Bevor es jetzt zur Sache selbst geht, noch ein Hinweis: Ich verwende im Text in der Regel die männlichen und die weiblichen Begriffe, also »Ihre Tochter« bzw. »Ihr Sohn«, »Lehrerinnen und Lehrer« usw. Gelegentlich führt das aber zu absurden, um nicht zu sagen unverständlichen Satzkonstruktionen. Dann weiche ich auf das generische Maskulinum aus, das heißt, ich verwende die verallgemeinernde männliche Form eines Wortes. Damit sind weder ein Ausschluss (etwa beim Begriff des »Täters«) noch eine Diskriminierung von Frauen oder Mädchen verbunden – es handelt sich ausschließlich um eine Entscheidung, die grammatikalisch erlaubt ist und der Lesbarkeit des Textes dienen soll. Ich hoffe auf Ihr Verständnis und wünsche eine aufschlussreiche Lektüre.

Kapitel 2
Kinder und Jugendliche im Netz

In einer wahnsinnigen Geschwindigkeit, innerhalb von nur zwei Jahrzehnten, hat sich das Internet für viele von uns zu einem nicht mehr wegzudenkenden Bestandteil des täglichen Lebens entwickelt. Zumindest für den Beruf nutzen es viele Erwachsene. Aber auch die private Nutzung wird immer selbstverständlicher. Ungeheuer schnell haben die digitalen Medien unseren Alltag in Beschlag genommen und beispielsweise das Kommunikationsverhalten deutlich gewandelt. Ich bin mir sicher, das wird weitere tief greifende Veränderungen unserer Gesellschaft zur Folge haben, die wir jetzt noch gar nicht abschätzen können. Umso wichtiger ist es, dass Eltern bzw. erwachsene Vertrauenspersonen mit gutem Beispiel vorangehen und Kindern wie auch Jugendlichen durch ihr eigenes Nutzungsverhalten ein Vorbild sind. Denn natürlich spielt das Internet gerade im Leben vieler Kinder und Jugendlicher eine wichtige Rolle.

Grob kann man die Gesellschaft in zwei »Nutzergruppen« unterteilen: Die »Digital Immigrants«, also diejenigen, die nicht mit dem Internet aufgewachsen sind, bewegen sich zwar häufig mit Neugier, aber oft auch mit einer gewissen Zurückhaltung und Skepsis im Netz. Ganz anders unsere Kinder, die als »Digital Natives« mit digitalen Medien und dem Internet groß werden und häufig sehr viel besser über dessen Funktionsweisen und Möglichkeiten Bescheid wissen als Eltern, Lehrer und andere Betreuungspersonen.

Zahlen und Fakten

Der Medienpädagogische Forschungsverbund Südwest (mpfs) veröffentlicht seit 1998 jährlich die KIM- und die JIM-Studie (Jugend/Kinder, Information, (Multi-)Media). Sie informieren unter anderem über das Internetverhalten von Kindern (6- bis 13-Jährige) und Jugendlichen (12- bis 19-Jährige) in Deutschland. Natürlich sind Zahlen immer ein wenig trocken und können nicht die Lebenswelt des Einzelnen abbilden. Interessant sind sie dennoch und auch wichtig, um in Zukunft noch viel systematischer auf die Entwicklung reagieren zu können. Deshalb möchte ich Ihnen hier einige Ergebnisse präsentieren, die zeigen, welche Bedeutung dem Internet im Leben der Kinder und Jugendlichen zukommt.

Die Studien des mpfs belegen, was vielen Eltern eigentlich längst klar ist: Das Internet hat im Leben der Kinder und Jugendlichen einen enorm hohen Stellenwert. Den aktuellen Studien zufolge nutzt der Großteil (96,5–99,2 Prozent) der deutschen Kinder und Jugendlichen zwischen zehn und 19 Jahren das Internet regelmäßig, egal aus welcher Bildungsschicht sie stammen oder welche Schule sie besuchen. Von den Kindern gehören 36 Prozent zu den täglichen und weitere 49 Prozent zu den regelmäßigen Nutzern. Jungen und Mädchen sind quasi gleich häufig im Netz unterwegs. Fast alle Kinder (98 Prozent – 2010 waren es noch 89 Prozent) und Jugendlichen (97 Prozent) haben zu Hause einen Internetanschluss, 88 Prozent der Jugendlichen können sogar vom eigenen Zimmer aus ins Netz gehen. Bei den Kindern sind es zehn Prozent. Von den 12- bis 13-Jährigen besitzen bereits 63 Prozent einen eigenen Rechner, bei den 18- bis 19-Jährigen sind es 91 Prozent. Große Unterschiede zwischen Jungen und Mädchen gibt es auch hier nicht.

Die Studienreihe »EU Kids Online« gibt ebenfalls Aufschluss über die Internetnutzung von Kindern und Jugendlichen. Die Wissenschaftler haben über 25 100 Kinder und Jugendliche zwischen neun und 16 Jahren aus 25 europäischen Ländern zu ihrem Internetverhalten befragt. Die Ergebnisse wurden im Januar 2011 veröffentlicht. Laut dieser Studie nutzen sowohl in Deutschland als auch in Österreich, verglichen mit anderen europäischen Ländern, überdurchschnittlich viele Kinder und Jugendliche das Internet auch mobil, also über das Handy oder Smartphone: in Deutschland 56 Prozent, in Österreich 52 Prozent. Laut einer Umfrage der BITKOM, dem Bundesverband Informationswirtschaft, Telekommunikation und neue Medien, vom April 2014 nutzen mittlerweile 89 Prozent der Kinder und Jugendlichen Smartphones, um online zu gehen. Auch über viele Spielekonsolen kann man mittlerweile ins Internet gehen. Diese Möglichkeiten machen es für die Eltern natürlich noch schwieriger, etwas mitzubekommen.

Das Internet liegt in der mpfs-Studie bei den wichtigsten medialen Freizeitbeschäftigungen auf Platz zwei – hinter »Musik hören« und – das wird möglicherweise den ein oder anderen überraschen – vor dem Handy.

Der Reiz des Internets

Vielen Erwachsenen, auch wenn sie das Internet selbst aktiv nutzen, erschließt sich nicht ganz, weshalb und womit Kinder und Jugendliche so viel Zeit im Netz verbringen. Soziale Kontakte pflegen viele Erwachsene und eben die heutige Elterngeneration noch immer hauptsächlich über direkten Kontakt, telefonisch oder auch per E-Mail. Soziale Netzwerke im Internet werden häufig noch eher in beruflichen Kontexten genutzt – privat sind viele »Digital Immigrants« da zurückhaltender (aber natürlich sind die individuellen Unterschiede groß).

Kinder bewegen sich immer früher im Netz und die heutigen Jugendlichen gehen damit meist ganz selbstverständlich und unbefangen um. Für viele ist es quasi »eine zweite Realität« bzw. gar nicht unbedingt von der Offline-Welt zu unterscheiden und ganz natürlich in den Tagesablauf integriert. Aber was genau macht nun den Reiz des Internets aus? Online ist es eben so viel einfacher, Kontakte zu knüpfen, man findet so viel leichter Gleichgesinnte, kann sich in Foren gezielt über bestimmte Themen austauschen, zum Beispiel die Lieblingsband, Fernsehserien oder Hobbys. Es gibt »Jennifer Lawrence Fan«-Foren, »Tribute von Panem«-Chats und Portale, in denen man sich über Reptilien informieren kann.

Darüber hinaus kann man in zahllosen Foren Fragen zu allen möglichen Themen stellen – sei es, weil man auf der Suche nach der Lösung für eine Matheaufgabe ist, ein Referat vorbereitet oder wissen möchte, ob es normal ist, wenn man mit 14 seine Periode noch nicht hat, oder wie man ein Kondom benutzt. Gerade über »Sex« kann man sich online vielfältig, ungestört und unkommentiert informieren. Ein großes Plus und leider auch eine große Gefahr.

Insgesamt nutzen die Jugendlichen fast die Hälfte der Zeit, die sie im Internet verbringen, für Kommunikation. Sie chatten, schreiben E-Mails, tummeln sich in sozialen Netzwerken – sie treten also zu anderen in Kontakt, pflegen Beziehungen und treffen Verabredungen. Laut JIM-Studie 2013 nutzen rund 75 Prozent der 12- bis 19-Jährigen Online-Communities wie Facebook regelmäßig (mehrmals pro Woche oder täglich). Mädchen verwenden insgesamt deutlich mehr Zeit für Online-Kommunikation als Jungen, die sich lieber mit Handy- oder Online-Spielen die Zeit vertreiben. In digitalen Spielen kann man auf vielen verschiedenen Ebenen seine Stärken erproben, eben zum Beispiel auch in den vielen verschiedenen Online-Games vom »Ballerspiel« über klassische Rollenspiele bis zu »Clash of Clans«, wo man ein Dorf aufbaut, erweitert, verteidigt und einem Clan beitritt. Die Angebote digitaler Medien sind sehr lebendig und vielfältig und können durchaus auch soziale Kompetenz fördern.

Manche Eltern machen sich Sorgen, dass ihr Kind vereinsamen und unfähig zu sozialen Kontakten werden könnte, wenn es zu viel Zeit vor dem Rechner verbringt. Ich sage es mal so: Wie fast alles ist auch das Internet eine Frage der Dosierung. Eine Studie des ifo (Institut für Wirtschaftsforschung) vom November 2010 belegt, dass Menschen, die im Internet aktiv sind, sogar seltener vereinsamen, gerade weil sie oft besonders gern kommunizieren, viele Kontakte pflegen, sich mit Gleichgesinnten austauschen etc. Häufig sind Menschen, die das Internet zur Kontaktpflege nutzen, auch außerhalb sehr kontaktfreudig und engagiert. Negative Auswirkungen der Internetnutzung auf das Sozialverhalten sind laut ifo nicht festzustellen. Möglicherweise fördert das Internet die Offline-Aktivität sogar, da es leichter fällt, sich zu vernetzen, zu organisieren und über interessante Termine und Veranstaltungen zu informieren.

Dennoch gibt es immer wieder Kinder und Jugendliche, bei denen die Online-Kontakte die Kontakte in der echten Welt zu ersetzen drohen. Die Studie »EU Kids Online II« zeigt, dass 16 Prozent der deutschen Kinder und Jugendlichen zwischen elf und 16 Jahren gelegentlich Anzeichen für einen »exzessiven Umgang mit dem Internet« aufweisen. Bei ihren österreichischen Altersgenossen sind es sogar 24 Prozent. Das heißt, sie vernachlässigen alles, was sich nicht online abspielt, treffen kaum noch Freunde und kümmern sich zu wenig um Hausaufgaben, auch Hobbys bleiben auf der Strecke. Ich vermute, dass diejenigen Kinder besonders gefährdet sind, denen es ohnehin schon schwerer fällt, im realen Leben Kontakte zu knüpfen, die schüchtern oder sogar richtige Außenseiter sind.

Wenn ein Mädchen oder Junge seine Freizeit ausschließlich vor dem Rechner verbringt, ist das bedenklich. In diesem Fall ist es besonders wichtig, dass Eltern und Betreuer als Ansprechpartner da sind und sich für die Sorgen und Nöte des Kindes bzw. Jugendlichen interessieren.

Schauen Sie sich doch mal zusammen mit Ihrem Kind oder der Schulklasse den Spot »Wo lebst du?« von Klicksafe, der EU-Initiative für mehr Sicherheit im Internet, an. Das Video ist wirklich witzig und die Botschaft »Wer nur noch in der digitalen Welt lebt, lebt nicht mehr in der richtigen« kann ich uneingeschränkt unterschreiben. In der Werbung hat man das längst erkannt und so kreiert Coca Cola in einem witzigen, aber durchaus nachdenklich stimmenden Spot den »Social Media Guard«, um die analoge Kommunikation zu fördern, und natürlich dabei Coca Cola zu trinken.

Zahl der Bildschirmgeräte und Online-Freunde als Statussymbol

Jugendliche erzählen mir immer wieder, dass man einfach out ist, wenn man nicht bei Facebook präsent ist oder WhatsApp benutzt. »Kein WhatsApp, keine Party« lautet das Motto. Wer nicht digital on ist, ist nicht dabei.

»Wer bin ich, wenn ich online bin … und was macht mein Gehirn so lange?« fragte der amerikanische Journalist Nicholas Carr schon 2008. Ging es ihm damals vor allem um die Veränderung der Gedächtnisleistung durch digitale Welten, so können wir heute konstatieren, wie sehr die digitale Selbstdarstellung unser soziales Leben prägt. Je cooler man sich darstellt, desto besser kommt man an. Was das bedeuten kann, zeigt ein berührender Clip »What's on your mind?« (Woran denkst Du?) des Norwegers Shaun Higton.

Im Juni 2014 geriet Facebook kurzzeitig unter öffentlichen Druck, als deutlich wurde, dass die Einwirkungen von Neuigkeiten auf die emotionale Befindlichkeit der Nutzer untersucht wurden, ohne die Nutzer darauf hinzuweisen. Die Studie ergab, wen mag es wundern, dass positive Neuigkeiten die Stimmung positiv beeinflussen, während negative Neuigkeiten negative Auswirkungen haben. Fragt sich, wie viel Facebook eigentlich manipuliert um eine gewisse Stimmung zu erzeugen?

Ständig »on« zu sein bedeutet Stress. Viele Kinder und Jugendliche erzählen mir, wie sie nachts von SMS geweckt werden, morgens der erste Blick zu WhatsApp wandert, wo zum Teil schon hunderte Nachrichten auf sie warten. Insbesondere die WhatsApp-Gruppen bedeuten Kommunikationsstress. Jede Nachricht geht an alle Mitglieder, schon allein bei einer Gruppengröße von zehn Mitgliedern kann man erahnen, welche Nachrichtenflut entstehen kann.

Laut »EU Kids Online II« haben die Hälfte aller deutschen Kinder und Jugendlichen (51 Prozent) und knapp zwei Drittel der österreichischen Kinder und Jugendlichen (62 Prozent) ein Profil in einem solchen Netzwerk. Möglichst viele Online-Freunde zu haben ist für viele ein Statussymbol, etwas, womit man angeben kann, was einen zum coolen Typen macht. Das Sehen-und-gesehen-Werden spielt sich heutzutage zu großen Teilen online ab. Der Druck, in einem sozialen Netzwerk präsent zu sein, ist unglaublich hoch. Viele Verabredungen werden nur noch digital getroffen, wer nicht im Netz oder bei einem Messenger ist, erfährt nichts von den Partys, die anstehen, dass das Training verschoben wurde und bekommt auch nicht mit, wer jetzt mit wem zusammen ist. Es bedarf schon eines großen Selbstbewusstseins und viel Mut, dem Druck, immer up to date zu sein, nicht nachzugeben.

Die digitale »Clique« besteht nicht mehr aus zehn oder 15, sondern häufig aus mehreren Hundert Personen. Für viele Kinder und Jugendliche sind diese Kontakte genauso real wie Kontakte in der echten Welt. Dass es sich bei einigen der »Freunde« um Menschen handelt, die sie nur flüchtig oder überhaupt nicht kennen, scheint die wenigsten zu stören. Die meisten Jugendlichen geben in der JIM-Studie zwar an, dass sie online nur mit Leuten befreundet sind, die sie auch offline kennen. Was dieses »Kennen« allerdings bedeutet, ist unklar. Es kann sich um Personen handeln, mit denen sie auch im echten Leben befreundet sind, um Klassenkameraden oder um den Cousin des Freunds der besten Freundin, der angeblich total cool und richtig süß sein soll. »EU Kids Online II« zufolge hatten immerhin 38 Prozent der deutschen Kinder und Jugendlichen und 45 Prozent ihrer österreichischen Altersgenossen im Internet Kontakt zu Personen, die sie nicht persönlich kannten. Eine ganze Menge, finde ich! Elf Prozent haben sich mit diesen »Unbekannten« auch offline getroffen. Bei den österreichischen Kindern und Jugendlichen sind es sogar 16 Prozent. Ob die Eltern von diesen Treffen wussten oder die Kinder sogar begleitet haben, weiß ich nicht, aber ich wage es zu bezweifeln …

Das Problem – oder sagen wir, die Tatsache, mit der wir uns auseinandersetzen müssen – ist, dass die Internetgemeinschaft für Kinder und Jugendliche selbstverständlicher Teil ihres sozialen Nahfeldes ist. Die Grenzen zwischen offline und online bzw. digitaler Welt sind längst fließend. Für die Offline-Welt bringen Eltern ihren Kindern bis heute bei: »Geh nie mit einem Fremden mit!« oder »Vertrau auf Dein Gefühl und lass Dich nicht zu Dingen überreden, die Dir unangenehm sind«. Was aber bedeutet das in der digitalen bzw.

Online-Welt? Gibt es in der Wahrnehmung der Kinder im digitalen Raum überhaupt »Fremde«? Oder sind vielmehr alle potenzielle Freunde? Und woran merke ich, wenn etwas nicht stimmt?

Das sind alles Fragen, auf die ich keine abschließenden Antworten geben kann. Und selbstverständlich ist das auch von Kind zu Kind verschieden. Wichtig ist aber, mit Kindern und Jugendlichen darüber zu sprechen, dass nicht jeder, dem sie online begegnen, automatisch ein Freund oder eine Freundin ist. Meiner Erfahrung nach fangen Kinder und auch Jugendliche an zu lachen und schütteln den Kopf, wenn man sie fragt, ob sie sich vorstellen könnten, all ihre 200 bis 400 bis 1 000 Online-Freunde zu ihrem Geburtstagsfest einzuladen. Wenn ich sie dann frage, wie sie denn eigentlich entscheiden, wer eingeladen und wer nicht eingeladen wird, kommen alle ins Grübeln.

Solche Online-/Offline-Vergleiche helfen oft, die Absurdität bestimmter Situationen zu verdeutlichen, und regen zum Nachdenken an. Die Offline-Welt – also unsere physische Umwelt – ist eben nach wie vor diejenige, an der wir uns orientieren.

Wie funktionieren soziale Netzwerke, Chats und Co.?

Es gibt im Internet einige Angebote speziell für Kinder und Jugendliche, Seiten, auf denen sie im geschützten Raum chatten und sich austauschen können. Im Prinzip ist das eine gute Idee und einige Seiten finde ich auch wirklich klug und ansprechend gestaltet. Zum Beispiel watchyourweb.de oder fragfinn.de. Das Problem ist nur: Für Jüngere sind diese Seiten noch ansprechend. Je älter die Kinder werden, desto mehr wollen sie selbstbestimmt agieren. Klar – das Tolle am Internet ist doch gerade, dass man sich darin ohne Vorschriften und Kontrolle bewegen kann. Meiner Erfahrung nach bringt es daher relativ wenig, den Kindern und vor allem Jugendlichen spezielle Online-Portale zur Verfügung zu stellen, da diese einfach nicht genügend genutzt werden. Viel sinnvoller ist es, die Kinder und Jugendlichen dort abzuholen und dort mit ihnen ins Gespräch zu kommen, wo sie sich selbst gern aufhalten.

Um die Welt der Kinder und Jugendlichen besser verstehen zu können, ist es von Vorteil, zu wissen, wie die digitalen Netzwerke funktionieren, in denen sie sich bewegen. Jede Seite hat ihre eigenen Regeln, viele ähneln sich aber in Aufbau und Funktionsweise. Gemeinsam ist eigentlich allen die Möglichkeit, bestehende Kontakte zu pflegen und neue zu knüpfen. Üblicherweise legt man dazu ein Profil an, denkt sich einen Username, also einen Nutzernamen, aus. Der sollte am besten ein reiner Fantasiename sein, der nichts mit dem richtigen Namen, Geburtsdatum oder Wohnort zu tun hat. Gerade in sozialen Netzwerken verwenden aber viele ihre echten Namen. Zusätzlich kann man meist alle möglichen persönlichen Daten angeben: Geschlecht, Alter, Wohnort, Hobbys, E-Mail-Adresse usw. Die Angabe dieser Daten ist in der Regel nicht verpflichtend. Bei vielen Portalen kann der Nutzer selbst entscheiden, welche Daten er angeben und welche er für alle sichtbar machen möchte – und welche nicht. Das nennt sich »Privacy-Option«, also Privatsphäreneinstellung. Der Druck, möglichst viel von sich preiszugeben, ist in den sozialen Netzwerken aber hoch.

Fast immer kann man auch seinen Beziehungsstatus angeben bzw. zwischen mehreren Varianten wählen. »Glücklich verliebt«, »unglücklich verliebt«, »in offener Beziehung« sind nur einige davon. Immer geht es darum, den anderen zu signalisieren, ob man bereit für ein Abenteuer ist oder sich verlieben möchte. Das geht doch online wirklich zunächst einmal niemanden etwas an. Ein Mädchen sagte mir einmal, dass die Angabe »Single« online gleichbedeutend ist mit »Hier bin ich, nimm mich!« Und selbst wenn man bei »Beziehungsstatus« keine Angabe macht, verstehen viele das als Aufforderung.

Im Folgenden habe ich einen Überblick über einige der aus meiner Sicht hier relevanten sozialen Netzwerke zusammengestellt und erläutere kurz deren Funktionsweise. Natürlich handelt es sich dabei um eine Momentaufnahme, die in erster Linie als Orientierungshilfe zu verstehen ist.

Facebook

- Facebook kommt aus den USA und wurde 2004 gegründet.
- Noch ist es die beliebteste Internet-Community weltweit. Eigenen Angaben zufolge hatte Facebook im ersten Quartal 2014 rund 1,27 Millarden Nutzer.
- Internationale Ausrichtung.
- Für alle Ziel-/Altersgruppen bzw. Nutzer gibt es dasselbe Angebot, alle halten sich im selben »Raum« auf.
- Um Facebook zu nutzen, muss man sich dort ein Profil einrichten, in dem man Informationen über sich veröffentlichen kann: Name, Alter, Wohnort, Schule, Hobbys etc.
- Man kann Bilder von sich und anderen hochladen.
- Viele nutzen Facebook, um sich zu verabreden, Partys oder Ausflüge zu planen etc.
- Die Nutzer können einander sowohl öffentliche als auch private Nachrichten schicken.
- Man kann Gruppen zu bestimmten Themen gründen und den Gruppen anderer beitreten.

- Berühmt-berüchtigt sind die Gruppen mit sexuell aufgeladenen Namen wie »Keine Ehe vor dem Sex« oder »Das Klügste, was je aus deinem Mund gekommen ist, war mein Penis«.
- Es gibt eine Chatfunktion, über die man sich in Echtzeit Nachrichten schicken kann. So werden die Nutzer an Facebook gebunden und müssen nicht auf andere Chatanbieter zurückgreifen. Man kann die Chatfunktion so einstellen, dass man nur von Mitgliedern angeschrieben werden kann, die auch auf der eigenen Freundesliste stehen.
- Facebook gewinnt auch in Deutschland immer mehr Nutzer und steht momentan unangefochten an der Spitze (Stand Juli 2014). Im Januar 2014 hatte Facebook 27,38 Millionen Nutzer aus Deutschland. Zum Vergleich: Im Januar 2011 waren es 13,93 Millionen.
- Stark in der Kritik ist Facebook wegen seiner umstrittenen Datenschutzpolitik.

WhatsApp

- Digitaler Messenger-Dienst, der längst zu einem sozialen Netzwerk gewachsen ist.
- Steht in der Nutzung an erster Stelle bei den 10- bis 18-Jährigen.
- Eine Chat-App, die auf allen Smartphones läuft und mir erlaubt, zumindest so lange ich eine Internetverbindung habe, kostenlos zu kommunizieren.
- Es gibt Einzelnachrichten und Gruppenchats. In diesen Gruppenchats organisieren sich Familien, Klassenverbände oder Studiengruppen. Jeder kann selbst eine Gruppe erstellen und Mitglieder einladen.

- Gruppenchats werden schnell unübersichtlich. Wenn ich einer Gruppe beitrete, in der auch mir unbekannte Personen sind, muss ich wissen, dass meine Handynummer für alle einsehbar ist.

Skype

- Seit einigen Jahren ist Skype bei Kindern und Jugendlichen stark auf dem Vormarsch. Laut BITKOM dem Bundesverband Informationswirtschaft, Telekommunikation und neue Medien e. V., rangiert es auf Platz drei der Rangliste beliebtester Netzwerke (Stand April 2014).
- Mit Skype kann man kostenlos telefonieren oder chatten.
- Der Videochat ist dabei besonders beliebt.
- Skype kann man auch als App auf dem Smartphone installieren und so mobil überall dort nutzten, wo man eine Internetverbindung hat.
- Skype ist für Nutzer ab 13 Jahren gedacht und schützt – bei ehrlicher Angabe des Alters – Kinder und Jugendliche, da nur Personen aus der Kontaktliste Verbindung aufnehmen können und das Alter wie auch Geschlecht auf den Profilseiten nicht angezeigt werden.
- Skype ist ein internationales Netzwerk. Kinder und Jugendliche berichten durchaus immer wieder über ungewollte Kontaktanfragen.

Chat

- »Chatten« kommt vom englischen Wort »to chat«, was so viel heißt wie »plaudern«.
- Chatten ist geschriebene Kommunikation in Echtzeit: Die Gesprächspartner befinden sich an unterschiedlichen Orten, jeder sitzt vor seinem eigenen Rechner und man

tauscht über ein Chatportal, in einem sogenannten Chatroom, Nachrichten aus.

- Es gibt Themenchats, zum Beispiel »Tribute von Panem«- oder »World of Warcraft«-Chats, in denen sich Jugendliche mit ähnlichen Interessen und gemeinsamen Leidenschaften und Schwärmereien treffen.
- Meistens gibt es auch innerhalb der Chats mehrere Räume, zu unterschiedlichen Themen. In manchen drängen sich die Leute, in anderen ist es eher leer.
- Bei einigen Chats gibt es außer den themen- auch altersbezogene Räume. Wirklich kontrolliert wird das Alter allerdings in der Regel nicht.
- Bei der Anmeldung legt man sich einen Nutzernamen zu und kann meist gleich anfangen zu chatten, ohne vorher eine E-Mail-Adresse bestätigen oder überhaupt angeben zu müssen.
- In den meisten Chats ist größtmögliche Anonymität gewährleistet.
- Möchte man unter Ausschluss der Öffentlichkeit plaudern, kann man sich in einen sogenannten Flüsterraum, sozusagen ein Separee, zurückziehen.
- Viele Kinder chatten bereits ab dem zehnten oder elften Lebensjahr, und zwar nicht unbedingt in speziellen »Kinderchats«, sondern auch dort, wo viele Jugendliche und Erwachsene unterwegs sind.

Moderierter Chat

- Moderierte Chats bieten zumindest ein gewisses Maß an Sicherheit. Die Moderatoren beobachten die Gespräche und sollen dafür sorgen, dass alles ordentlich abläuft, niemand beleidigt wird, es nicht zu sexueller Anmache kommt etc. Diese Moderatoren sind in aller Regel keine

Angestellten des Chatanbieters, sondern »erfahrene Nutzer«, was aber nicht heißt, dass sie lebenserfahren sind, sondern dass sie bereits einige Zeit in dem Chat aktiv sind.

- Manche Chats haben mehrere Millionen Nutzer, sodass eine vollständige Kontrolle aller Gespräche trotz des Einsatzes von bis zu zehntausend Moderatoren kaum möglich ist.
- Außerdem gibt es auch in moderierten Chats Flüsterräume, zu denen der Moderator keinen Zutritt hat.
- In vielen Chats gibt es »Notruf«-Buttons, über die man sofort mit einem Moderator oder einer Moderatorin in Kontakt treten kann, wenn etwas passiert, was einem nicht geheuer ist. Ich habe allerdings schon von mehreren Seiten gehört, dass diese Notrufsysteme nicht immer einwandfrei funktionieren. Manche Notrufe werden erst bis zu zwei Stunden später bearbeitet.

Ob moderiert oder nicht – Chats sind die totale Reizüberflutung. Es ist kaum möglich, bei der Masse an Informationen, die dort auf einen einstürmt, ordentlich zu filtern, und sein Gegenüber »richtig« einzuschätzen. Stellen Sie sich doch einfach mal gemeinsam mit Ihrem Kind / Ihren Schülern vor, Sie würden sich in einem Raum mit zehntausend anderen Menschen befinden, die alle wild durcheinander plappern. Fragen Sie Ihr Kind, ob es glaubt, dass es möglich ist, dort jemanden richtig gut kennenzulernen.

Videochat

- Beim Videochat, z. B. bei Skype, können sich die Chatpartner sehen und direkt miteinander sprechen oder einander schriftlich Nachrichten schicken.

- Auf manchen Videochat-Seiten werden die Chatpartner einander nach dem Zufallsprinzip zugeteilt. Das heißt: Man bekommt einen Chatpartner vorgesetzt – wenn der einem nicht passt, kann man weiterklicken und landet beim nächsten Gesprächspartner. Diese Seiten sind höchst bedenklich: Man weiß nie, ob der, den man als nächsten zu sehen bekommt, vielleicht nackt vor der Kamera sitzt, sich selbst befriedigt oder gerade einen Joint raucht.
- Auch bei manchen sozialen Netzwerken gibt es solche Videochatangebote mit Zufallsprinzip. Für Kinder sollten solche Angebote absolut tabu sein!

YouTube

- Weltgrößtes Videoportal im Internet, pro Minute werden 100 Stunden Videomaterial hochgeladen; Ausrichtung: international.
- Jeder kann dort Videos schauen, auch ohne eigenen Account.
- Videos selbst hochladen kann man allerdings nur mit eigenem Benutzerkonto.
- Man kann genau wie bei den anderen sozialen Netzwerken ein Profil mit diversen Daten anlegen.
- Die Videos werden meines Wissens von YouTube nicht systematisch auf jugendgefährdende Inhalte geprüft, dafür ist die Community selbst zuständig. Videos mit sexuellen Inhalten werden in der Regel sehr schnell von den Nutzern »geflaggt«, also bei YouTube gemeldet. Je nachdem, worum es sich handelt, inwiefern der Inhalt gegen YouTube-Richtlinien verstößt, wird das Video entweder mit einem Warnhinweis versehen oder auch vollständig gelöscht. Die Zahl der bei YouTube kursierenden Videos ist allerdings so hoch, dass jugendgefährdende Inhalte sehr

wahrscheinlich oft nicht sofort entdeckt und diese Videos von vielen Kindern zufällig angeklickt werden können.

- Was möglicherweise viele nicht wissen: Sobald man ein Video bei YouTube hochlädt, tritt man sämtliche Rechte daran an YouTube ab.
- Man hat kaum Kontrolle darüber, wer sich die Videos anschaut, geschweige denn, wer sie auf seinen eigenen Rechner lädt und über andere Seiten weiterverbreitet. Auch die Kommentare zu den Videos sind in keiner Weise zu kontrollieren und es ist schon erstaunlich, was manche User wie kommentieren. Eine Etikette gilt online nicht wirklich.

Digitale Spiele

- Laut Umfrage des »BIU – Bundesverband Interaktive Unterhaltungssoftware e. V.« spielt nahezu jeder zweite Deutsche digitale Spiele.
- Zehn Prozent der Kinder bis neun Jahre und 20 Prozent der Kinder und Jugendlichen sind dabei.
- Besonders beliebt sind »Denk- und Strategiespiele« wie »Forge of Empire«, »Casual Games« wie »Das Quiz« und »Adventures, Abenteuerspiele«.
- Viele dieser Spiele haben Chatfunktionen über die die Spieler miteinander kommunizieren können. Bei großen Spielgruppen, wie zum Beispiel »Clash of Clans« kennen sich nicht immer alle Mitspieler einer Gruppe auch in der Offline-Welt.

Verlässliche Daten dazu, wie oft es wo zu Cybergrooming kommt, also der gezielten sexualisierten Manipulation von Kindern oder Jugendlichen, gibt es nicht. Dass es in all den genannten digitalen Angeboten geschieht, steht meines

Erachtens allerdings außer Frage. Viele Kinder und Jugendliche präsentieren sich online oder in digitalen Portalen ganz unbedarft so offen, mit zahlreichen Bildern, Videos und persönlichen Informationen, dass sich ein Täter oder eine Täterin aus der Fülle der Angebote nur das »richtige« herauszusuchen braucht. Obwohl sich viele Jugendliche theoretisch durchaus über die Gefahren im Internet im Klaren sind, gehen einige dennoch sehr freigiebig mit persönlichen Informationen um. Viel zu viele stellen private Bilder und Videos ins Netz und erzählen auch bereitwillig von ihren Vorlieben und Hobbys. Häufig werden E-Mail-Adressen, Instant-Messenger-Daten oder Handynummern verteilt. Viele Kinder erzählen auch beispielsweise in Fan-Foren viel zu viel über sich. Das ist ein idealer Anknüpfungspunkt für pädokriminelle Täter! Es kann schon reichen, wenn jemand erwähnt, dass er im Kino in Köln-Hürth den neuen »X-Men« gesehen hat ... Schon weiß jeder, dass das Kind vermutlich in Köln oder Umgebung lebt. Man kann es nicht oft genug sagen: Jeder sollte möglichst wenige persönliche Informationen ins Netz stellen. Eltern müssen Kindern dabei ein Vorbild sein. Private Daten haben im Internet nichts zu suchen!

Was ist heute noch privat? Leben im Zeitalter des digitalen Exhibitionismus. Vom Selfie zu Sexting

Quasi jedes Kind kann heutzutage auf irgendeinem Weg Bilder und Filme von sich erstellen und im Netz verbreiten. Selfies – der englische Ausdruck für Selbstportraits – sind in. Präsident Obama macht sie genauso wie Ellen DeGeneres und andere Hollywood-Stars bei der Oscar-Verleihung. Wer offline egal wo dazu gehören will, muss sich online präsentieren. Am besten so cool wie möglich.

Die möglichen Konsequenzen sind vielen Kindern und Jugendlichen gar nicht klar. Wie auch, wenn viele Erwachsene genauso sorglos mit ihren privaten Bildern und Filmen umgehen? Handykameras und Webcams sind heutzutage überall verfügbar und werden auch von Erwachsenen eifrig genutzt. Es ist keine Seltenheit, dass Eltern Aufnahmen von sich und ihrer Familie samt Kindern ins Netz stellen. Auf privaten Webseiten, ebenso wie bei Facebook oder YouTube, findet man massenhaft Bilder und Filme von Familienurlauben, auf denen alle leicht bekleidet am Strand zu sehen sind, außerdem Aufnahmen der Wohnhäuser und so weiter und so fort.

Für viele scheint nicht mehr viel privat zu sein, das Leben findet öffentlich statt. Manche lassen sogar die Netzgemeinde über das Haus abstimmen, das gekauft werden soll, oder wohin die nächste Reise geht. Eltern verlagern den Profilierungswunsch, den sie über ihren Nachwuchs ausleben, vom Spielplatz ins Internet und lassen wildfremde Menschen dabei zusehen, wie ihre Kinder aufwachsen. Ich bin online sogar schon auf private Videos aus dem Kreißsaal gestoßen. Viele Kinder sind es also wortwörtlich von Geburt an gewöhnt, gefilmt und fotografiert zu werden, und auch daran, dass diese Aufnahmen für jedermann zugänglich im Internet zu finden sind. Sicher wird es nicht jeder in zwanzig oder dreißig Jahren gutheißen, dass die eigene Geburt unlöschbar im Internet kursiert.

Viele Leute laden Bilder hoch, auf denen sie selbst in einer Gruppe zu sehen sind – ohne allerdings die anderen um Erlaubnis zu fragen. Gut möglich, dass auch von Ihnen irgendwo im Netz ein Bild kursiert … Jugendliche winken bei diesem Thema gern ab und argumentieren oft, dass das Netz doch ohnehin so furchtbar schnelllebig ist und morgen schon wieder jeder vergessen hat, was er heute sieht. Das mag sein, aber das Internet vergisst nichts! Alle Daten können irgendwann, vielleicht erst nach mehreren Jahren, wieder auftauchen.

Ich kann nur immer wieder betonen, dass das Internet kein Fotoalbum ist! Sobald man ein Bild oder einen Film digital verschickt oder hochgeladen hat, hat man die Kontrolle darüber verloren. Man kann absolut nicht kontrollieren, wer diese Bilder weiterverbreitet, wer sie sich dann ansieht und was diese Person damit macht. Immerhin kann sich quasi jeder fremde Bilder und Filme auf seinen Rechner, Tablet oder Smartphone laden oder über andere Seiten weiterverbreiten. Wie oft das passiert, ist nicht zu ermitteln, es ist aber davon auszugehen, dass es ziemlich oft vorkommt. Eine Mini-Untersuchung der Internet Watch Foundation in Großbritannien fand 2012 heraus, dass 88 Prozent von sexy Selfies – also Sexting Abbildungen – auf sogenannten parasitären Webseiten gelandet waren. Viele dieser Seiten waren pornografische Seiten und die »Sexter« hatten keine Ahnung.

Vermutlich führen die wenigsten Netznutzer tatsächlich etwas Schlechtes im Schilde. Aber möglicherweise ist es auch hier die Gelegenheit, die Diebe und Verbrecher macht, und man kann einfach nicht wissen, wer das eigene Bild- und Filmmaterial in die Hände bekommt. Denn während wir alle noch schockiert darüber nachdenken, wie man Kinder und Jugendliche schützen kann, hat die Industrie längst den Markt erkannt und Apps produziert die einem für 1,99 € die Suche nach Sexting-Abbildungen abnehmen.

Wir müssen verstehen, dass jeder Verantwortung für das Geschehen trägt und dass wir alle die Entwicklung mitgestalten. Eltern und Lehrer dürfen dabei nicht einfach passiv zusehen, sondern müssen eine klare, in ihren Regeln nachvollziehbare Haltung zum Internet entwickeln und den Kindern den Umgang mit den digitalen Medien entsprechend vorleben.

Sonst wird es schwierig werden, ihnen zu vermitteln, was sie tun und was sie lassen sollen!

Ich kann nur allen Internetnutzern dringend raten, weniger Informationen über sich ins Netz zu stellen oder diese wenigstens ausreichend zu schützen. Viele Portale bieten die Möglichkeit, bestimmte Informationen, auch Bilder, nur von direkten Kontakten einsehen zu lassen. Immerhin »ein Großteil« der befragten Jugendlichen hat in der JIM-Studie 2013 angegeben, diese »Privacy-Option« zu nutzen. Allerdings sehen trotzdem im Durchschnitt 290 Freunde diese Informationen und diese sind wiederum selbst vernetzt. Da potenziert sich die Verbreitung doch enorm.

Zudem fällt die »Privacy-Option« von Portal zu Portal recht unterschiedlich aus und es sind zahlreiche Abstufungen möglich, die der Nutzer oft selbst wählen kann. So entscheidet jeder selbst, wer seine Informationen einsehen kann. »EU Kids Online II« hat herausgefunden, dass die Fähigkeiten der deutschen Kinder und Jugendlichen, verglichen mit ihren Altersgenossen aus anderen europäischen Ländern, nur durchschnittlich sind, wenn es um Privatsphäreneinstellungen im Internet geht. Allerdings muss man sich auch vor Augen halten, dass ein Workshop zu den Privatsphären-Einstellungen bei Facebook 90 Minuten in Anspruch nimmt. Ich denke wir alle wissen, dass sich in Wirklichkeit niemand und schon gar nicht Kinder oder Jugendliche die Zeit nimmt, das alles zu eruieren oder einzustellen.

Aber genau diese Zeit sollte einem der digitale Kinderschutz wirklich wert sein. Helfen Sie Ihrem Kind / Ihren Schülern, die Möglichkeiten der verschiedenen Netzwerke zu erkunden und optimal für sich zu nutzen!

So wird im Internet getrickst

Hat man bestimmte »Privacy-Optionen« aktiviert, können andere das eigene Profil nur betrachten, wenn sie selbst ein Profil bei der entsprechenden Seite besitzen. Bei vielen Portalen kann ein Nutzer dann sehen, wer sein Profil besucht hat. Aber natürlich möchte nicht jeder, der sich das Profil eines anderen angeschaut hat, dass man das nachvollziehen kann. Da die persönlichen Daten bei der Anmeldung allerdings in der Regel nicht oder zumindest nicht besonders gründlich geprüft werden, besteht eigentlich überall die Möglichkeit, falsche – also »Fake-Profile« zu erstellen. Das nutzen auch viele Kinder und Jugendliche, um sich unerkannt Informationen über andere Personen zu besorgen. Wenn beispielsweise Annika in Tim verliebt ist und herausfinden will, ob er eine Freundin hat, oder sich einfach ein paar Bilder von ihm anschauen möchte, kann sie sich unter einem anderen Namen anmelden und Tims Profil von diesem Fake-Profil aus aufrufen. So kann sie ihn anhimmeln, ohne dass er davon erfährt. Und natürlich kann sie sich so auch über seine Interessen informieren und beim nächsten Treffen beiläufig erwähnen, dass auch sie total auf Formel 1 steht.

Mir sind auch Fälle bekannt, in denen sich Jugendliche ein falsches Profil zugelegt haben, um einen anderen nicht etwa anzuhimmeln, sondern fertigzumachen. Und manche versuchen sogar, sich als ihr eigenes Mobbing-Opfer auszugeben, indem sie einen Nutzernamen verwenden, der sich von dem des anderen nur minimal unterscheidet. Bei vielen sozialen Netzwerken kann man sich auch mehrfach mit exakt demselben Vor- und Nachnamen anmelden. Mir haben Jugendliche auch schon erzählt, dass die Accounts bei den sozialen Netzwerken relativ leicht zu knacken sind und man sich somit einfach unter dem Profil eines anderen einloggen kann. Durch solche Täuschungsmanöver kann der Besitzer des »echten« Accounts mittels gezielt gestreuter Statements fertiggemacht, sein Ruf schwer beschädigt werden. Diese digitale Form des Mobbing nennt sich Cyberbullying. Eine aktuelle Studie in Großbritannien hat herausgefunden, dass 55 Prozent – also mehr als die Hälfte – Cyberbullying als traurigen Teil ihres Alltags akzeptieren.

Solche Fälle sind nicht selten und den Kindern und Jugendlichen ist durchaus klar, dass man sich im Netz auch anonym bewegen, andere beobachten und sich über sie informieren kann, um diese Kenntnisse gezielt für sich zu nutzen. Dieses Wissen sensibilisiert sie aber nicht automatisch für mögliche Risiken, die ihr eigenes Zurschaustellen im Netz mit sich bringen kann. Allzu oft halten sie ihr Gegenüber ganz unvoreingenommen für eine ehrliche und ihnen wohl gesonnene Person.

Kommunikation im Internet: Ein Smiley macht noch keinen ehrlichen Menschen

Online ist es sehr schwierig, sich sein Gegenüber überhaupt vorzustellen. Oder besser gesagt: Oft habe ich den Eindruck, viele vergessen schlicht und ergreifend, dass »auf der anderen Seite« auch ein menschliches Wesen sitzt. Viele E-Mails sind in einem Ton geschrieben, den sich offline niemand erlauben würde. Es gibt allerdings auch Fälle, in denen ich mir einfach nicht sicher bin, wie das Geschriebene gemeint ist. Immerhin höre ich die Stimme des anderen doch gar nicht und sehe nicht, ob er lächelt, grimmig dreinschaut oder mir zuzwinkert …

Deshalb benutzen viele Menschen in ihren E-Mails Emoticons, die »erklären« sollen, wie das Geschriebene gemeint ist. Das wohl bekannteste und gängigste Emoticon ist das Smiley, also ein fröhliches Gesicht, das zum Beispiel so ☺ oder so :-) oder so :) dargestellt werden kann. Es gibt für fast jede Gefühlslage eine eigene Zeichenfolge, für die meisten Gefühlslagen sogar mehrere Varianten. Ein weiteres Beispiel ist das Zungerausstrecken, das von folgenden Emoticons dargestellt wird: :-P :b :p =P :P d: dx :|. :|o xP ;P c(: :oP q:

Mit ein bisschen Fantasie ist die rausgestreckte Zunge durchaus zu erkennen. Schwieriger wird es da schon bei dem Zeichen o.O oder haben Sie auf Anhieb ein erschrockenes (wahlweise überraschtes) Gesicht erkannt? Das kann übrigens auch so dargestellt werden: =:-O.

Ich will hier kein Emoticon-Lexikon darbieten. Worum es mir geht: Die Emoticons sollen das transportieren, was einen Großteil der Offline-Kommunikation ausmacht. Nämlich Mimik und Körpersprache. Und genau das ist einer der Gründe, weshalb es so schwierig ist, sein virtuelles Gegenüber und die gesamte Kommunikationssituation richtig einzuschätzen. Viele entscheidende Merkmale, anhand derer wir eine Situation bewerten, ein gutes oder ungutes Gefühl haben, jemanden sympathisch finden oder nicht, fehlen einfach: Aussehen, Kleidung, Gestik, Mimik, Klang der Stimme, Geruch etc. Online haben wir zunächst einmal nur das geschriebene Wort. Und wenn uns das sympathisch ist, gehen wir davon aus, dass auch der Mensch, der es geschrieben hat, nett, sympathisch und auch ehrlich ist. Schließlich haben wir keinen Anhaltspunkt für eine andere Einschätzung.

Für Kinder und Jugendliche ist es noch viel schwieriger, eine Online-Gesprächssituation halbwegs richtig einzuschätzen. Ein junges Mädchen erzählte mir, dass es sehr oft zu Missverständnissen kommt, wenn beispielsweise jemand eine zweideutige Nachricht schreibt. »Wenn der Typ vor mir sitzt, sehe ich ja, wie er es meint, aber wenn ich es nur so lese, bin ich oft verunsichert«. Je jünger die Kinder sind, desto weniger Erfahrung haben sie mit Kommunikation, auch offline, und sie müssen erst lernen, Situationen und Gesprächspartner zu beurteilen. Mit der Einschätzung einer Online-Kommunikationssituation sind sie daher häufig vollkommen überfordert – ohne sich dessen bewusst zu sein. Deshalb ist es so wichtig, den Kindern eindringlich zu vermitteln: Nur weil Dir jemand ein freundliches Emoticon schickt, muss er oder sie noch lang keine guten Absichten haben!

Kapitel 3
Pubertät und Sexualität

Kinder beginnen spätestens mit neun oder zehn Jahren, das Internet zu erobern. Nach derzeitigem Wissensstand nutzen die 14- bis 16-Jährigen das Internet am intensivsten und verbringen unter anderem viel Zeit in Chaträumen. Eine der wenigen repräsentativen deutschen Studien zum Chatverhalten von Kindern und Jugendlichen wurde 2005 von Catarina Katzer im Rahmen des Forschungsverbunds »Chatgewalt Köln« durchgeführt.

1 700 Schüler zwischen zehn und 19 Jahren erzählten unter anderem von ihren unangenehmen Erfahrungen im Chat. Knapp 40 Prozent der Chatter werden dieser Studie zufolge im Netz ungewollt mit sexuellen Inhalten konfrontiert. Das reicht von der sexuellen Anmache über das Zusenden von pornografischen Bildern bis zu richtiggehender sexueller Belästigung.

Es geschieht also in der Präpubertät bzw. Pubertät. Einer Phase, die zu den sensibelsten und kompliziertesten im Leben eines Menschen zählt. Die Beziehung zwischen Eltern und Kindern ist oft geprägt von Missverständnissen, Machtkämpfen und Abnabelungsbestrebungen. Natürlich ist das hart für die Eltern – aber noch anstrengender ist diese Zeit für die Kinder und Jugendlichen selbst. Die heftigen Auseinandersetzungen mit den Eltern sind ja letzten Endes oft Zeichen der heftigen Auseinandersetzung mit sich selbst, mit den Veränderungen des eigenen Körpers, mit den permanenten Gefühlsschwankungen. Jugendliche müssen ihr Welt- und

Selbstbild neu ordnen, sich ihren Platz im Leben suchen und das geht meist nicht reibungslos vonstatten.

In der Pubertät geht es darum, herauszufinden, wer man ist, was man will – und mit wem. Keine leichte Aufgabe! Vor allem was ihre Sexualität angeht, sind viele auf Identitätssuche. Flirten und Anmache, Selbstbefriedigung, Personen des anderen Geschlechts kennenlernen, herausfinden, ob man möglicherweise homosexuell ist – all das sind Themen, die Heranwachsende umtreiben.

Rein körperlich setzt die Pubertät in westlichen Ländern immer früher ein, vor allem bei Mädchen. Das belegt unter anderem eine Studie dänischer Forscher, die 2009 von der American Academy of Pediatrics (AAP) veröffentlicht wurde. Der frühere Beginn der Pubertät ist unter anderem auf die gute Ernährungssituation zurückzuführen. Übergewichtige Mädchen bekommen beispielsweise ihre erste Periode meist etwas früher als untergewichtige. Auch das theoretische Wissen um Sexualität erwerben Kinder und Jugendliche immer früher – oder sie glauben zumindest schon recht früh, Bescheid zu wissen. Aus meinen persönlichen Gesprächen mit Jugendlichen weiß ich allerdings, dass viele im Detail dennoch große Wissenslücken haben: Muss ich jedes Mal, wenn ich meine Periode habe, zum Frauenarzt? Beim »ersten Mal« kann man doch nicht schwanger werden, oder? etc.

Auch das Thema Liebesbeziehungen beschäftigt sie natürlich sehr. So fragte mal ein Jugendlicher: »Heißt, 'ne Freundin haben, dass ich am Samstag statt Fußballspielen mit ihr shoppen gehen und ihr die Tüten tragen muss?« Eine hinreißende Frage, wie ich finde. Im Alltag haben Jugendliche immer noch Hemmungen, Erwachsenen in ihrem Umfeld solche Fragen zu stellen. Obwohl Eltern laut einer Studie der Bundeszentrale für gesundheitliche Aufklärung (BZgA)immer häufiger Ansprechpartner sind, ist es vielen möglicherweise doch peinlich, mit

Mutter oder Vater über Sexualität und Liebe zu sprechen. Andere, ältere Jugendliche zu fragen ist auch schwierig, weil es als uncool gilt, nichts über Sex und Liebe zu wissen.

Die Sexualisierung des Alltags

Wo man geht und steht, wird man heutzutage mit sexualisiertem Bild- und Filmmaterial konfrontiert. Überall wimmelt es von leicht oder überhaupt nicht bekleideten Menschen: in Werbespots, auf Plakaten, in Filmen und Vorabendserien. Songtexte beinhalten jede Menge mehr als beleidigende und oft frauen- oder homosexuelleverachtende Schimpfwörter und sie beschreiben freizügig alle möglichen Sexpraktiken. In Musikvideos hüpfen massenhaft Mädchen in knapper Bekleidung herum und Jungs, die an Coolness kaum zu übertreffen sind. Sängerinnen präsentieren sich aufreizend und in eindeutigen Posen auf der Bühne, und auch in Videospielen sind Charaktere mit riesigen Brüsten und knappen Höschen keine Seltenheit. Männer sind immer muskulös und können ohnehin jederzeit jede Frau haben – so wird es jedenfalls dargestellt.

Es scheint mir, als wird so auch die eigene Sexualität immer mehr zu einer Ware bzw. einer Währung. Kinder »lernen« immer früher, dass voller Körpereinsatz und das Zurschaustellen ihrer Reize an sich schon irgendwie wichtig sind und ihnen vielleicht dabei helfen, auch andere Ziele zu erreichen. Keine neue Erkenntnis, selbstverständlich, aber bedenklich ist, dass sich immer jüngere Mädchen sexy und aufreizend stylen und dadurch einen falschen Eindruck ihrer sexuellen Reife vermitteln. Geschminkte Zehnjährige sind keine Seltenheit und das finde ich höchst problematisch. Vor allem weil Zehnjährige entwicklungspsychologisch doch noch gar nichts über die »sexuelle Reife« wissen, die sie da kopieren. Es hat eine gewisse

»Versachlichung« von Sexualität stattgefunden, sie wird ganz offen als Statussymbol gehandelt. Dazu kommt, dass wir Erwachsenen, die Gesellschaft, genau solch ein »vorgealtertes« Verhalten von Jugendlichen erwarten und sie nicht selten auch genau so ansprechen. Es ist beispielsweise durchaus üblich, dass Modedesigner in ihren Laufstegschauen 14- oder 15-jährige Models einsetzen.

Gern wird behauptet, die heutige Jugend gehe generell sehr viel offener oder gar hemmungsloser mit dem Thema Sex um und mache auch immer früher die ersten sexuellen Erfahrungen. Ersteres mag vielleicht stimmen. Aber viele dieser Vorstellungen, die Erwachsene vom Sexualverhalten der Jugendlichen haben, hängen auch einfach damit zusammen, dass sich viele Jugendliche eben schon früh »aufgeklärt« geben, sich sexuell gebärden und kleiden und sexualisierte Sprache benutzen. All das erweckt den Anschein, als wüssten die Kinder und Jugendlichen tatsächlich Bescheid. Häufig handelt es sich aber um rein theoretisches Wissen oder schlichtes Nachplappern.

Befragungsergebnisse sprechen nämlich eine andere Sprache: Die frühere Konfrontation mit sexuellen und sexualisierten Inhalten und die damit beispielsweise einhergehende frühere Benutzung von sexualisierten Ausdrücken bedeuten nicht automatisch auch frühere echte Erfahrungen. Wenn ein Neunjähriger mit Ausdrücken wie »bitch«, »Fotze« oder »motherfucker« und »Hurensohn« um sich wirft, ist nach wie vor kaum davon auszugehen, dass er wirklich weiß, wovon er redet. Viele Jugendliche erzählen mir, der Druck sei richtig groß, schon früh »Bescheid zu wissen« – was auch immer das heißt. Es ist ihnen unangenehm, zuzugeben, dass sie noch keine sexuellen Erfahrungen haben. Sie versuchen, das zu kaschieren, und trauen sich nicht, die entscheidenden Fragen zu stellen. Sie passen sich dem Druck an und bringen sich so unter Umständen in eine Situation, die sie vollkommen überfordert. Nur weil sich ein 13-Jähriges Mädchen die Lippen rot anmalt, außerdem mit Superdekolleté und auf High Heels durch die Gegend stöckelt, heißt das noch lange nicht, dass es auch schon bereit ist, Sex zu haben.

»Das erste Mal«

Die eigene Sexualität zu erfahren ist ein aufregendes, spannendes, irritierendes und auch verstörendes Unterfangen. Genau wie früher stellen sich auch heute noch viele Jugendliche die Frage, ob sie »normal« sind, ob ihre Entwicklung schnell genug voranschreitet oder sie etwa »Spätzünder« sind. Viele Jungen fragen sich, ob sie möglicherweise homosexuell sind oder überhaupt jemals bei einem Mädchen zum Zug kommen. Mädchen befürchten, »frigide« zu sein (ohne dass eine wirklich wüsste, was das bedeutet), weil sie noch keine Lust auf Sex haben oder beim Fummeln nicht feucht werden. Die Frage nach dem richtigen Zeitpunkt für das erste Mal steht für viele im Mittelpunkt der Auseinandersetzung mit ihrer Sexualität.

Im Rahmen der Studie zur Jugendsexualität 2010 der BZgA wurden 1456 deutsche Mädchen und 1354 deutsche Jungen zwischen 14 und 17 Jahren sowie ihre Altersgenossen mit Migrationshintergrund (357 Mädchen und 375 Jungen) befragt. Die Ergebnisse zeigen, dass nur vier Prozent der befragten deutschen Mädchen (vier Prozent der Mädchen mit Migrationshintergrund) und acht Prozent der deutschen Jungen (elf Prozent der Jungen mit Migrationshintergrund) vor ihrem 13. Geburtstag bereits zum ersten Mal Geschlechtsverkehr hatten. Die meisten – nämlich 64 Prozent der deutschen Mädchen (73 Prozent der Mädchen mit Migrationshintergrund) und 69 Prozent der Jungen (63 Prozent der Jungen mit Migrationshintergrund) – waren beim ersten Geschlechtsverkehr

15 oder 16 Jahre alt. Möglicherweise wird allerdings das Alter als wichtiger Faktor für das Erleben des ersten Mals überbewertet. Es konnte nämlich auch belegt werden, dass der Zeitpunkt des ersten Mals nicht darüber entscheidet, ob die Erfahrung als positiv oder negativ bewertet wird. Dafür sind – eigentlich naheliegend – ganz andere Faktoren ausschlaggebend. Zum Beispiel, ob man das Gefühl hat, dass der Partner einen versteht und auf die eigenen Bedürfnisse eingeht. Die wenigsten deutschen Jugendlichen erleben das erste Mal mit einem Unbekannten, einer Zufallsbekanntschaft. Viele sind in einer festen Beziehung oder haben den ersten Geschlechtsverkehr mit einem guten Freund.

In der BZgA-Studie geben 82 Prozent der deutschen Mädchen (78 Prozent der Mädchen mit Migrationshintergrund) und 80 Prozent der Jungen (66 Prozent der Jungen mit Migrationshintergrund) an, dass es zum ersten Geschlechtsverkehr kam, weil beide Partner es wollten. Nur selten hat einer der beiden darauf gedrängt. Die meisten Befragten behalten das erste Mal in positiver Erinnerung (80 Prozent der deutschen Jungen / 70 Prozent der Jungen mit Migrationshintergrund und 60 Prozent der deutschen Mädchen / 54 Prozent der Mädchen mit Migrationshintergrund). 22 Prozent der deutschen Mädchen (27 Prozent der Mädchen mit Migrationshintergrund) und ein Prozent der deutschen Jungen (vier Prozent der Jungen mit Migrationshintergrund) geben allerdings an, dass es ein unangenehmes Erlebnis war.

In Sachen Verhütung weiß die Generation der heutigen Jugendlichen zumindest theoretisch richtig gut Bescheid. Sie ist aufgeklärt über Schwangerschaft und HIV und viele gehen auch sehr verantwortungsbewusst mit dem Thema Verhütung um. Leider erzählen mir aber auch immer wieder junge Mädchen, dass sie die »Pille danach« als Verhütungsmittel einsetzen. Abgesehen davon, dass sie natürlich nicht vor Geschlechtskrankheiten schützt, ist diese Pille auch eine echte Belastung für den Körper und bringt oft heftige Nebenwirkungen mit sich.

Verlässliche Studien dazu, wie offen die Jugendlichen mit ihren Sexualpartnern über Verhütung sprechen, gibt es meines Wissens leider nicht. In einer festen Partnerschaft ist die Offenheit diesbezüglich vermutlich etwas höher als beim Sex mit einer Zufallsbekanntschaft. Ich habe schon mehrfach von Jungs gehört, die sich nicht die Blöße geben wollen, zuzugeben, dass sie nicht wissen, wie man ein Kondom benutzt, und daher lieber von vornherein darauf verzichten. »Die Mädchen nehmen doch sowieso alle die Pille!«, ist immer noch eine Standardausrede und beweist gleichzeitig viel Naivität im Umgang mit Krankheiten wie Aids.

Wichtiger Faktor: Aufklärung im Elternhaus

Dass die Eltern oder zumindest ein Elternteil mit den Jugendlichen offen über Sexualität und Verhütung sprechen, begünstigt eine gesunde und positive Entwicklung. Die Studie der BZgA zeigt, dass wir da bereits auf einem guten Weg sind. Die meisten deutschen Jugendlichen nennen die Mutter als wichtigste Ansprechpartnerin bei der Sexualaufklärung: 68 Prozent der deutschen Mädchen und 44 Prozent der deutschen Jungen. Mit dem Vater sprechen nur zwölf Prozent der Mädchen über Sexualität, aber immerhin 37 Prozent der Jungen. Bei den Jugendlichen mit Migrationshintergrund sieht es etwas anders aus: Nur 48 Prozent der Mädchen und 21 Prozent der Jungen sprechen mit ihrer Mutter über Sexualität. Für fünf Prozent der Mädchen mit Migrationshintergrund ist der Vater ein wichtiger Ansprechpartner und für 22 Prozent der Jungen.

Gerade heute, wo die Jugendlichen so früh mit sexualisierten Inhalten konfrontiert werden, ist es aber wichtig, dass sie durch Eltern, Lehrer und andere Betreuungspersonen noch umfassender aufgeklärt werden. Nicht nur über die rein mechanischen Vorgänge beim Verkehr und über Geschlechtskrankheiten. Jugendliche müssen auch viel mehr Gelegenheit haben, mit jemandem über das »Drumherum«, über Gefühle und sexuelle Erregung zu sprechen. Leider ist das immer noch nicht wirklich selbstverständlich geworden. Vermutlich fehlt vielen Erwachsenen der Mut, sich auf ein solches Gespräch einzulassen. Das ist bedauerlich, denn so werden die Kinder häufig mit ihrem Halbwissen, ihrer oftmals durch die Medien verfremdeten Sicht auf Sex und Sexualität und ihrer natürlichen Neugier, die befriedigt werden will, allein gelassen.

Und: Die Studie der BZgA zeigt, dass die Jugendlichen umso besser vorbereitet in ihr sexuell aktives Leben starten, je besser das Verhältnis zu ihren Eltern ist. Jugendliche, die sich zu Hause ernst genommen fühlen, nehmen häufig auch sich selbst und ihre Bedürfnisse ernster und planen den ersten Geschlechtsverkehr dementsprechend sorgfältiger.

Um Kinder vor negativen Erfahrungen zu bewahren oder sie zumindest so stark zu machen, dass sie damit umgehen können, müssen wir noch mehr Vertrauen schaffen, noch mehr aufklären und vor allem: das Selbstbewusstsein der Kinder und Jugendlichen stärken. Letztlich ergibt sich das aus einem liebevollen, klaren und respektvollen Umgang mit Kindern und Jugendlichen. Verlässlichkeit, Zugewandtheit, Aufmerksamkeit, Achtsamkeit und Klarheit bieten einen Rahmen, in dem sich Kinder und Jugendliche gut entfalten können. Und ja, ich weiß, das klingt viel einfacher als es im Alltag ist. Dennoch ist es wichtig, sich das immer wieder klarzumachen, denn nur wer ein gesundes Selbstvertrauen hat, kann lernen, seine eigenen Grenzen wahrzunehmen, sie zu respektieren und sich zur Wehr zu setzen, falls ihm jemand zu nahe kommt!

In der BZgA-Studie geben 13 Prozent der deutschen Mädchen (19 Prozent der Mädchen mit Migrationshintergrund) und ein Prozent der deutschen Jungen (drei Prozent der Jungen mit Migrationshintergrund) an, dass sich ihnen schon einmal jemand in sexueller Absicht genähert hat, ohne dass sie es wollten. Nur die Hälfte der Mädchen schaffte es nach eigenen Angaben, sich dagegen zur Wehr zu setzen. Das muss nicht heißen, dass die anderen vergewaltigt wurden, aber beispielsweise, dass sie sich zum Geschlechtsverkehr »überreden« ließen.

Immerhin 62 Prozent der deutschen Mädchen (57 Prozent der Mädchen mit Migrationshintergrund) geben an, dass sie über das negative Erlebnis mit jemandem aus ihrem Freundeskreis gesprochen haben. 25 Prozent der deutschen Mädchen (31 Prozent der Mädchen mit Migrationshintergrund) allerdings behalten das Erlebte für sich. Das ist schlimm, denn wenn man nicht darüber spricht, sind negative Erfahrungen viel schlechter zu verarbeiten. Unangenehme und verstörende Bilder setzen sich viel leichter im Kopf fest und beeinflussen im ungünstigsten Fall die gesamte sexuelle Entwicklung negativ. Jugendlichen mit einem guten Selbstbewusstsein fällt es viel leichter, auch über unangenehme Erlebnisse zu sprechen.

Aufklärung und Identitätsfindung im Netz

Wenn sie sich schon offline niemandem anvertrauen oder ihre Fragen stellen wollen, so tun viele das doch wenigstens online. Das Internet ist als Medium für die Sexualaufklärung sehr wichtig. Viele Jugendliche beziehen Informationen rund um das Thema Sex aus dem Netz. Laut BZgA-Studie ist bei den jungen Männern der Anteil noch deutlich höher als bei den Mädchen, die nach wie vor gern auch Jugendzeitschriften zurate ziehen. Meiner Erfahrung nach setzen sich viele Jugendliche durchaus sensibel mit dem Thema Sexualität auseinander. Viele nutzen Internetforen, um sich über ihre sexuellen Erfahrungen auszutauschen. Dabei geht es keineswegs nur um Angeberei und Heldengeschichten, sondern die Anonymität des Internets ermöglicht es, auch über Zweifel und Unsicherheiten zu sprechen und Ratschläge einzuholen. Das Anschauen von Pornografie gehört durchaus auch zu dieser Auseinandersetzung mit Sexualität. Laut der Dr. Sommer Studie 2009 haben zwei Drittel der 11- bis 17-Jährigen bereits Pornografie gesehen. Jungs mit 69 Prozent etwas häufiger als Mädchen mit 57 Prozent.

Dennoch ist das Internet für viele Jugendliche der ideale Ort für die erste Auseinandersetzung mit dem Thema Sexualität. Es ist leicht, sich über Themen rund um Liebe und Sex zu informieren, sich einfach einmal unverfänglich in einem Chatraum für Schwule oder Lesben anzumelden und um erste Flirtversuche zu unternehmen. Es ist spannend und aufregend, man kann interessante Leute kennenlernen, alles ist ganz unkompliziert – und anonym. Oder zumindest so anonym, wie es der Einzelne gestaltet.

Im Internet kann man in zahlreiche unterschiedliche Rollen schlüpfen, einfach mal ausprobieren, wie es sich anfühlen könnte, statt eines Jungen ein Mädchen zu sein oder umgekehrt. Man kann testen, wie andere auf einen reagieren, wenn man statt des unauffälligen Strebers mal der coole Typ ist, und der Klassenclown kann auch mal ganz offen über seine Gefühle sprechen. Die Identitätsfindung ist natürlich nach wie vor ein hartes Stück Arbeit und wird durch das Internet nicht zwangsläufig erleichtert – aber zumindest das Ausprobieren verschiedener Optionen ist einfacher.

Kontaktbörse Internet

Auch das Kennenlernen potenzieller Partner scheint online viel leichter zu sein. Das Internet ist eine riesige Kontaktbörse, die auch von Erwachsenen gern zur Anbahnung von Beziehungen genutzt wird. Jeder ist ständig »auf dem Markt« oder präsentiert sich zumindest so. Es kommt nicht selten vor, dass Jugendliche nur online »miteinander gehen«. Schon nach wenigen Sätzen im Chat glauben manche, einander richtig gut zu kennen, und sind daher auch sehr schnell bereit, Bilder auszutauschen und persönliche Informationen preiszugeben. Eine Lehrerin fragte mich, »früher haben wir uns doch auch auf dem Schulhof kennengelernt. Warum machen die das heute nicht mehr«? Meine Antwort: »Das soziale Netzwerk ist längst Teil des Schulhofs«.

Und warum nehmen sich nicht alle ein bisschen mehr Zeit, den anderen besser kennenzulernen? Wir befinden uns in einer sehr schnelllebigen Zeit. Die digitalen Medien und das Internet erhöhen die Geschwindigkeit enorm. Und genau das ist oft ein großes Problem. Viele kommen gar nicht auf die Idee, sich die Zeit zu nehmen, einen anderen wirklich kennenzulernen – unter anderem, weil man ja gar nicht darauf angewiesen ist. Das Angebot an potenziellen »Freunden« und Personen, mit denen man eine Beziehung eingehen könnte, ist so groß, dass man sich theoretisch direkt dem nächsten Kandidaten zuwenden kann, wenn ein anderer zu zögerlich ist.

Gut vorstellbar, dass deshalb viele allzu schnell bereit sind, Bilder und Filme von sich zu verschicken, selbst wenn sie dabei vielleicht sogar ein ungutes Gefühl haben. Sie tun es trotzdem – aus Angst, das Gegenüber verlöre anderenfalls sofort das Interesse. Dass sich jemand, den man gern hat, abwenden könnte, ist für niemanden eine angenehme Vorstellung und in der Pubertät, wo man ja ohnehin von Selbstzweifeln geplagt ist, gleich doppelt schlimm.

Auch hier lohnt der Offline-Vergleich: Ich frage Kinder und Jugendliche, mit denen ich arbeite, beispielsweise gern, ob sie jemandem, mit dem sie sich auf einer halbstündigen Busfahrt sehr gut unterhalten und sich wirklich gut verstanden haben, am Ende der Fahrt ein Foto von sich mitgeben würden. Womöglich sogar im Bikini oder nackt. Natürlich nicht! Da sind sich eigentlich alle einig. »Und warum macht ihr es dann online?«, frage ich. Darauf hat so schnell keiner eine Antwort.

Ein weiterer Grund dafür ist wohl, dass sich die Kinder und Jugendlichen online sicher fühlen. Es fällt ihnen (und auch vielen Eltern!) schwer, sich vorzustellen, dass ihnen am eigenen Schreibtisch, in ihrem eigenen Zimmer etwas passieren könnte. Schließlich kann man doch auch – rein theoretisch zumindest – den Rechner einfach ausstellen, wenn etwas passiert, das einem nicht geheuer ist. Das trügerische Gefühl der Sicherheit verleitet viele Kinder dazu, ihren Chatpartnern viel zu schnell viel zu viel anzuvertrauen. Auf die Idee, dass die Profile und Bilder des anderen nicht echt sein könnten, kommen viele überhaupt nicht. Und so sind sie auch mit ihren eigenen Bildern und Videos sehr, sehr freigiebig. So ab 13 Jahren beobachte ich eine gewisse routinierte Abgeklärtheit. Den meisten Jugendlichen ist sehr wohl klar, dass sie mit dem Versenden von Bildern achtsam sein müssen. Sie haben auch verstanden, dass ihr Gegenüber nicht immer die Person sein muss für die sie sich ausgibt. Dennoch hat laut einer Studie der Universität Merseburg jedes sechste Mädchen bereits ein sexy Foto von sich verschickt. Die Risiken bleiben enorm. Was ist da los?

Gerade in Netzwerken wie Facebook ist der Druck, möglichst vorteilhafte, sexy Bilder von sich zu veröffentlichen, nach wie vor sehr hoch. Wer da nicht mitspielt, gilt schnell als

Außenseiter. Und wer nicht sexy ist, sich nicht stylt und keine coolen Klamotten trägt, hat sowieso nichts zu sagen. Das war schon immer so. Gerade in der Pubertät, wo das Schamgefühl und die Unsicherheit in Bezug auf den eigenen Körper meist besonders ausgeprägt sind, ist es für viele kaum möglich, sich dem zu verweigern. Natürlich möchte jeder zur »In-Gruppe« gehören! Also beugt man sich dem Konformitätsdruck – was natürlich auch eine gewisse Sicherheit mit sich bringt. Es ist eben einfacher, mit dem Strom zu schwimmen als dagegen. Auch das ist nichts Neues.

Das reine Zurschaustellen reicht allerdings vielen nicht: Auf Seiten wie hotornot.de kann man Bilder von sich posten und andere darüber abstimmen lassen, wie »heiß« sie einen finden. Außerdem bekommt der Besucher der Seite zu jedem Bild die Frage gestellt: »Möchtest du mit diesem Mädchen/Jungen flirten?« Es ist in Zeiten des Internets so einfach wie nie, Aufmerksamkeit, Komplimente und Bestätigung zu erhalten. Beim Videoportal YouTube findet man jede Menge Filme von jungen Mädchen, die sich in Unterwäsche präsentieren, um von den Zuschauern Rückmeldung zu ihrem Körper, ihrer Figur zu bekommen. Dass viele Zuschauer mit Schmeicheleien und Komplimenten eigene Interessen verfolgen, ist vielen Kindern und Jugendlichen wahrscheinlich gar nicht bewusst. Bereitwillig laden sie immer mehr Filmchen von sich hoch. Manche sind sogar ganz nach den Wünschen ihrer Zuschauer gestaltet, die in Kommentaren oder persönlichen Nachrichten mitteilen, was sie gern sehen wollen. Sexualisierte Kommentare von Erwachsenen oder deutlich älteren Jugendlichen – im Stil von »Würde dich gern ficken!« oder »Lass mich auf deine Titten abspritzen!« – sind nicht selten. Auch das ist sexualisierte Gewalt! Damit konfrontiert sagen Täter – »Ja, die sieht aber doch viel älter aus als 13 und woher soll ich denn wissen, dass die tatsächlich noch minderjährig ist?« Die Grenzen zwischen sexualisiertem Verhalten, sexualisierten Übergriffen und letztlich tatsächlicher sexualisierter Gewalt waren immer schon fließend. So ist das auch online.

Pornoseiten im Internet

Eine problematische Angelegenheit – und auch nach wie vor eine jugendschutzrechtliche Grauzone – stellen die vielen frei zugänglichen Pornoseiten dar, die auch Kinder und Jugendliche jederzeit uneingeschränkt nutzen können. Ruft man beispielsweise die Seite youporn.com auf, erhält man den Warnhinweis (auf Englisch), dass die Seite »explicit adult material«, also Material für Erwachsene, enthält. Dieses darf man erst ab 18 Jahren abrufen und muss daher durch Klick auf den Button »enter« (»betreten«) seine Volljährigkeit bestätigen. Mehr Kontrolle gibt es nicht. Schon ist man mittendrin in einer Welt voll kostenloser Profi- und Amateur-Sexvideos. Ein Großteil der auf dieser und ähnlichen Seiten angebotenen Hardcore-Filme zeigt Sex nach Schema F, in der Regel zugeschnitten auf die Fantasien hetero- oder homosexueller Männer. Man findet aber auch Fetisch-Filmchen und vieles, was man nur als emotionsloses Gerammel bezeichnen kann.

Die Wahrscheinlichkeit, dass Kinder und Jugendliche schon früh mit pornografischen Inhalten in Berührung kommen, ist sehr hoch. Zwischen 13 und 14 Jahren gibt es laut der Dr. Sommer Studie einen sprunghaften Anstieg des Pornografie-Konsums. Während 42 Prozent der unter 13-Jährigen angaben Pornos zu schauen, waren es bereits 79 Prozent der 14-Jährigen. Allerdings kommt es nicht selten vor, dass mir bereits Zwölfjährige berichten, regelmäßig Pornos zu schauen, aus Langeweile, Interesse oder einfach so.

Eher unwahrscheinlich ist, dass sie ganz zufällig auf Pornoseiten geraten. Immerhin rangiert der Begriff »Sex« an vierter Stelle bei den beliebtesten Suchbegriffen für Kinder. Und der Begriff »Porn« nimmt bei der kindlichen Suche auf YouTube Platz sechs ein. Natürlich sind viele neugierig und suchen ganz gezielt nach Nacktbildern oder Sexfilmen. Aber längst nicht jeder ist dem, was er auf Pornoseiten zu sehen bekommt, gewachsen – egal, ob er danach gesucht hat oder zufällig darauf gestoßen ist. Einige Kinder und Jugendliche empfinden diese Dinge als unangenehm oder verstörend. Auch hier erzählten mir die Zwölfjährigen, dass sie, wenn sie etwas daran verstörend finden, mit niemandem darüber spreche. Denn das wäre extrem uncool, bestätigte auch ein Junge im Brustton der Überzeugung.

In den Projekten von Innocence in Danger e. V. höre ich immer wieder von Internetseiten, die Jugendliche besonders gern besuchen (oder die ihnen zumindest schon mal begegnet sind). In der Regel finde ich das, was man auf diesen Seiten zu sehen bekommt, uninteressant bis abstoßend. Nicht nur, dass Sex meistens als »Leistungssport« dargestellt wird, was sicher auf manche Jugendlichen und ihren Umgang mit Sexualität einen ungünstigen Einfluss hat. Ein großes Problem auf diesen Seiten sind auch die Trailer und Werbeanzeigen, beispielsweise für »Hardcore Fisting«-Filme oder Sado-Maso-Spiele. Frei zugängliche Pornoseiten stellen definitiv eine Gefahr für Kinder und Jugendliche dar und ich plädiere für eine eindeutige und handhabbare Zugangsbeschränkung.

Kapitel 4
Sexualisierte Gewalt im Internet

Sexualisierte Gewalt hat viele Gesichter – das gilt offline wie online. Grundsätzlich handelt es sich dabei um eine Grenzüberschreitung. Wo diese anfängt, hat einerseits mit den Absichten des Täters zu tun, andererseits mit der Wahrnehmung der Betroffenen, der Opfer. Das Erleben ist subjektiv: Manche fühlen sich bereits durch Blicke bedrängt, andere erst, wenn sie gegen ihren Willen angefasst werden. Manchen ist es schon zu viel, im Chat ungewollt sexualisiert angesprochen zu werden, andere finden dies reizvoll und aufregend, erleben es aber als verstörend, wenn ihnen pornografische Filme zugesandt werden. Trotzdem kann man ganz objektiv festhalten: Sexualisierte Gewalt im Internet beginnt bei der Konfrontation mit sexualisierten Aussagen, geht über das Zusenden von pornografischem Material, hin zur Aufforderung Nacktbilder oder gar Masturbationsfilme von sich zu erstellen und kann schließlich auch zu Offline-Treffen und Vergewaltigung führen.

Die bereits erwähnte Studie von Catarina Katzer aus dem Jahr 2005 ergab, dass

- 38,2 Prozent der Chatter ungewollt sexuell angesprochen wurden,
- 26,3 Prozent nach eigenen sexuellen Erfahrungen gefragt wurden,
- 24 Prozent unaufgefordert von sexuellen Erfahrungen anderer erzählt wurde,

- 11 Prozent unaufgefordert Nacktfotos erhielten,
- 4,6 Prozent Pornofilme zugesandt wurden und
- 8,3 Prozent vor der Webcam zu sexuellen Handlungen aufgefordert wurden.

In der Studie »Jugend Sexualität 2013« der Hochschule Merseburg berichten 45 Prozen der Mädchen und 14 Prozent der Jungen, im Internet sexuell belästigt worden zu sein.

Diese Zahlen sprechen eine deutliche Sprache: Sexualisierte Gewalt im Netz ist keine Seltenheit, sondern an der Tagesordnung. Grob können wir vier Varianten unterscheiden, wobei die Grenzen natürlich fließend sind:

1. Erwachsene bzw. Jugendliche konfrontieren Kinder/Jugendliche digital gezielt mit sexuellen (durchaus auch gewaltvollen) Inhalten.
2. Verbreitung von pornografischen Bildern und Filmen, in denen die Kinder und Jugendlichen selbst zu sehen sind (Sexting),
3. Verbreitung von Missbrauchsbildern und -filmen (genannt Kinderpornografie)
4. Cybergrooming: Erwachsene bzw. Jugendliche manipulieren Kinder/Jugendliche hin zu Cybersex bzw. sexuellem Missbrauch.

Ganz wichtig zu wissen: Auch Jungen werden Opfer von sexualisierter Gewalt im Netz! Die Umfrage von Catarina Katzer hat ergeben, dass Mädchen häufiger angemacht oder zu sexuellen Handlungen vor der Webcam aufgefordert werden. Jungen werden dagegen häufiger mit pornografischem Material konfrontiert, bekommen also Nacktbilder, Aufnahmen von Geschlechtsteilen oder sexuellen Handlungen zugesandt.

Konfrontation mit fremdem pornografischem Material

Studien dazu, wie oft Kinder und Jugendliche online mit pornografischem Material konfrontiert werden, gibt es kaum. Derartige Untersuchungen sind unter anderem deshalb schwierig durchzuführen, weil man mit dem benutzten Vokabular sehr vorsichtig sein muss. Gleichermaßen kann man Kindern und Jugendlichen im Rahmen solcher Untersuchungen ja auch nicht ohne weiteres pornografische Bilder zeigen. Es gilt also, behutsam vorzugehen und sich dennoch so klar auszudrücken, dass man verlässliche Ergebnisse erhält.

Laut »EU Kids Online II« machen deutsche Kinder und Jugendliche – verglichen mit ihren europäischen Altersgenossen – nach eigenen Angaben eher selten Erfahrungen mit pornografischen Inhalten im Netz. Im Vergleich mit anderen europäischen Ländern verbringen hier die Kinder auch weniger Zeit im Internet und gehören damit per se zu einer niedrigeren Risikostufe. Allerdings empfindet – auch das hat die Studie ergeben – über die Hälfte der deutschen Kinder, die mit pornografischem Material konfrontiert wurden, das als unangenehm. In den meisten anderen europäischen Ländern ist es weniger als die Hälfte, oft sogar nur etwa ein Drittel. Die Ergebnisse für Österreich zeigen, dass die dortigen Kinder und Jugendlichen wesentlich häufiger als ihre deutschen Altersgenossen mit pornografischen Inhalten in Berührung kommen. 30 Prozent empfinden dies als unangenehm.

Natürlich suchen vor allem männliche Jugendliche oft ganz gezielt nach Pornofilmen oder Bildern nackter Menschen. Immer wieder werden sie aber auch zufällig damit konfrontiert, etwa durch einen Klick auf den »falschen« Link (der zu einer nicht von vornherein als pornografisch erkennbaren Seite führt) oder weil auf einer Spiele- oder Filmseite ein Pop

Up mit Sexszenen erscheint. »EU Kids Online II« zufolge kommen Jungen insgesamt etwas häufiger mit sexuellen Inhalten in Berührung als Mädchen und ältere Jugendliche etwas häufiger als jüngere. Mädchen empfinden die Konfrontation mit sexuellen Inhalten im Allgemeinen als etwas unangenehmer als Jungen, ebenso jüngere Kinder im Vergleich zu älteren.

Außer dieser gewollten oder eher zufälligen Konfrontation kommt es auch vor, dass Kinder und Jugendliche von Erwachsenen oder anderen Jugendlichen pornografisches Material erhalten. Selbst wenn das Gegenüber einwilligen sollte: Es ist strafbar, Kindern und Jugendlichen pornografische Aufnahmen zu schicken!

Auch im Chat ist konkrete sexuelle Belästigung nicht ungewöhnlich. Manche fragen noch »Willst du mich wichsen sehen?«, andere Täter starten einfach sofort den Videochat, schalten also ihre Webcam ein, ohne auf das »O.k.« des Gegenübers zu warten, und fangen direkt an, sich zu befriedigen.

Selbst hergestelltes pornografisches Material – Sexting, der neue Trend

Das Versenden und Empfangen von Nachrichten mit sexuellem Inhalt wird »Sexting« genannt. Laut »EU Kids Online II« haben 16 Prozent der deutschen und 17 Prozent der österreichischen 11- bis 16-Jährigen bereits Nachrichten mit sexuellem Inhalt erhalten. Eine deutsche Studie besagt, dass bereits jedes sechste Mädchen sexy Fotos oder Filme von sich verschickt. Auch unter Erwachsenen ist Sexting im Trend.

Außerdem kommt es immer wieder vor (ich vermute, dass es sogar ziemlich oft passiert), dass Jugendliche einander beim Sex filmen – in gegenseitigem Einverständnis. Viele Jugendliche verbreiten diese Aufnahmen selbst weiter. Sie vergessen dabei jedoch, dass sie die Kontrolle über das Material verlieren, sobald es einmal in Umlauf ist.

Vorstellbar ist beispielsweise folgender Fall: Ein Junge filmt seine Freundin während des Oralverkehrs mit dem Smartphone – beide wollen vor Freunden damit angeben. Die Aufnahmen werden auf Handys der Clique überspielt, dann reicht sie jemand an seinen Cousin weiter, der wiederum an seine Freunde, bis sie irgendwer ins Netz stellt, wo sie für alle Welt zugänglich sind. Das mag befremdlich klingen oder gar unglaubwürdig, ist aber durchaus kein Einzelfall. Über die weitere Verbreitung der Aufnahmen hat keiner der Beteiligten mehr Kontrolle. Wie beschrieben landen nicht wenige dieser Aufnahmen auf pornografischen Webseiten.

Zum einen können solche Aufnahmen auf diejenigen, die sie zu sehen bekommen, höchst verstörend wirken. Zum anderen können auch die Akteure der Filme schweren Schaden nehmen. Das bloße Wissen, dass irgendwo die eigenen Nacktfotos kursieren und irgendwann wieder auftauchen könnten, ist äußerst unangenehm. Mir sind außerdem Fälle bekannt, in denen pornografisches Material gezielt eingesetzt wurde, um den Ex-Freund oder die ehemals beste Freundin öffentlich bloßzustellen und zu demütigen. Die psychischen Folgen für die Opfer dieses Cyber-Mobbings (bzw. »Cyberbullyings«, so der englische Ausdruck für dieses Phänomen, das sich auch bei uns immer mehr durchsetzt) sind verheerend.

Es gilt also, diesen Trend zu verstehen, Jugendliche wirklich gut aufzuklären und die unautorisierte oder massenhafte Weiterverbreitung zu bekämpfen. Doch, ist das überhaupt möglich?

Cybergrooming

Die Grenzen zwischen den oben beschriebenen Vorgängen und dem Cybergrooming sind nicht klar zu ziehen. Häufig wird auch im Verlauf des Cybergroomings pornografisches Material übermittelt.

Cybergrooming wird durch §176 Abs. 4, Satz 3 StGB unter Strafe gestellt. Eine Freiheitsstrafe von drei Monaten bis zu fünf Jahren kann verhängt werden.

Für das Jahr 2011 wies die polizeiliche Kriminalstatistik 934 Fälle sexuellen Missbrauchs nach §176 Abs. 4, Satz 3 und 4 auf. Diese Fälle betrafen 1 134 Opfer (392 Jungen, 742 Mädchen). Begangen wurden sie von 618 Tätern und 34 Täterinnen. Erstmalig wies die Statistik das »Tatmittel Internet« auch für den Straftatbestand des sexuellen Missbrauchs gesondert aus. Dort fanden sich 287 Fälle von Cybergrooming, ca. 31 Prozent der unter dieser Rubrik erfassten Fälle.

Leider findet sich in den Folgejahren diese genaue Auflistung des »Tatmittel Internet« für alle Straftaten nicht wieder. 2013 wies die polizeiliche Kriminalstatistik 1 464 Fälle gemäß §176, Abs. 4, Satz 3 aus. Diese betrafen 1 685 Opfer (409 Jungen, 1 276 Mädchen) und wurden von 930 Tätern und 51 Täterinnen begangen. Gehen wir davon aus, dass auch hier das Internet ›nur‹ in 30 Prozent der Fälle als Tatmittel gilt, wären das etwa 454 Fälle.

Wie oft genau es zu Cybergrooming kommt, ist also nach wie vor nicht bekannt. Wirklich belastbare Zahlen gibt es selbst in der Polizeiliche Kriminalstatistik (PKS) nicht.

Lassen Sie mich einmal so rechnen: Die PKS des BKA erfasst für das Jahr 2013 9232 Tatverdächtige und 12 437 Fälle von sexuellem Missbrauch von Kindern sowie 931 Tatverdächtige und 1 084 Fälle von sexuellem Missbrauch von Jugendlichen. Das ergibt insgesamt rund 13 500 Fälle und 10 100 Tatverdächtige.

Experten gehen von einer Dunkelziffer (in der Fachsprache »Dunkelfeld«) der Fälle von 1:5 bis 1:20 aus. Das heißt, auf einen angezeigten Fall kommen fünf bis 20 nicht polizeilich angezeigte. Bezogen auf die oben genannten Zahlen wären das 67 000 bis 270 000 Fälle von sexuellem Missbrauch an Kindern und Jugendlichen. Diese werden von schätzungsweise 50 000 bis 200 000 Tätern begangen. Da kann man sicher davon ausgehen, dass nicht wenige dieser Täter und Täterinnen zumindest von Zeit zu Zeit auch online unterwegs sind.

Etwas provokanter könnte man das auch so formulieren: Es ist kaum anzunehmen, dass die Täter oder Täterinnen sich nur vor dem Spielplatz aufhalten, während die Kinder schon längst online spielen oder chatten.

Cybergrooming findet zu allen Tages- und Nachtzeiten statt, bevorzugt natürlich, wenn besonders viele Kinder und Jugendliche erreichbar sind, etwa nachmittags und am frühen Abend. Und auch für die Täter selbst muss der Zeitpunkt günstig sein – viele sind vermutlich vom Büro aus online, während sie sich abends zu Hause anderen Dingen widmen müssen.

Soziale Netzwerke, Chatrooms und Online-Spiele sind ein beliebtes »Jagdrevier« für Pädokriminelle. Dort ist es besonders einfach, Kontakt herzustellen und abzuchecken, welche Kinder empfänglich für die Online-Anmache sind. Viele Täter schreiben zunächst einmal mehrere Kinder oder Jugendliche an, und treten dann mit denen in engeren Kontakt, die darauf reagieren. Nachdem man sich im Flüsterraum eines Chats oder per »direct message« »näher kennengelernt« hat, geht es an den Austausch von privaten E-Mail-Adressen und Telefonnummern. Oder man zieht einfach gemeinsam zu einem nicht kontrollierten Instant Messenger wie ICQ um oder trifft sich bei Skype, wo man direkt über die Webcam miteinander sprechen kann. Dort ist die Intimität viel größer als in öffentlichen Räumen von Chats oder Netzwerken.

Beliebte Strategien der Täter

Die Vorgehensweisen der Täter sind unterschiedlich. Manche senden direkt Nachrichten an alle Chatbesucher: »Jemand Bock auf Cybersex?« oder »Schickt mir mal Nacktfotos!« ist ein eher primitiver Einstieg. Selbst der führt aber immer wieder zum Erfolg. Viele Täter nehmen sich aber auch Zeit, um ihr Opfer gefügig zu machen. Manche bauen über Stunden, Tage oder sogar mehrere Wochen eine Beziehung zu ihrem Opfer auf.

Im Prinzip wenden die Täter online ganz ähnliche Strategien an wie offline. Die Anonymität des Internets setzt allerdings die Hemmschwelle deutlich herab. Man kann online Identität und Absicht hervorragend verschleiern und hat direkten, ungestörten Zugang zum Kind. Den Umweg über das Umfeld kann man sich sparen, man muss keine Energien aufwenden, um sich das Vertrauen von Eltern oder anderen Erwachsenen aus dem Umfeld des Kindes zu erschleichen.

Die Täter gehen in aller Regel ganz strategisch vor, manipulieren ihre Opfer, nutzen deren Bedürfnisse gezielt für die eigenen Interessen aus. Manche Mädchen oder Jungen sind besonders empfänglich für Komplimente, andere suchen Geborgenheit, die dritten sind auf der Suche nach ihrer Identität. Eines gilt aber immer und nicht nur für Kinder und Jugendliche: Wir alle suchen nach Anerkennung und Bestätigung – eben auch online. Die Täterinnen und Täter bedienen genau das, was das Mädchen oder der Junge gerade am meisten braucht. Es ist davon auszugehen, dass einige Täter auf ein und derselben Internetseite unter verschiedenen Nutzernamen angemeldet sind, um einfach einmal auszuprobieren, welche Masche am besten zieht. Typisch sind die folgenden Rollen:

Der verständnisvolle ältere Freund

Teenager, mitten in der Pubertät, haben oft Stress mit ihren Eltern, das ist ganz normal. Das machen sich Online-Täter zunutze, indem sie sich als verständnisvoller Freund ausgeben, eine Schulter zum Ausweinen bieten und so tun, als könnten sie die Jugendlichen beraten. Ist Vertrauen aufgebaut, ist es für das Opfer selbstverständlich, private Informationen mitzuteilen, Bilder von sich zu verschicken oder sich sogar persönlich zu treffen. Ich weiß von einem 14-jährigen Jungen, der seinem Chatpartner gegenüber erwähnte, dass er einen Nebenjob sucht. Der andere meinte, er hätte da was für ihn, und er könne ihn doch einfach nach der Schule abholen und dorthin bringen. Der Junge ließ sich darauf ein, wurde entführt, tagelang eingesperrt und sexuell missbraucht. Oft entlocken die Täter dem Kind oder Jugendlichen Geheimnisse, um die Beziehung noch enger zu machen und/oder das Opfer später möglicherweise erpressen zu können. Mir sind auch Fälle bekannt, in denen der Täter ein Foto manipuliert hat, also beispielsweise den Kopf des Opfers auf ein Nacktbild gesetzt, und gedroht hat, dieses Bild den Eltern zuzusenden, wenn das Kind nicht mehr mitspielt, also den Kontakt abbricht.

Die gute Freundin

Manche Täter geben sich als gleichaltriges Mädchen aus, das sich in einer ähnlichen Lebenslage wie das Opfer befindet. Man freundet sich an, tauscht persönliche Geschichten aus. Und irgendwann gesteht das falsche Mädchen seinem Opfer, dass es einen Bruder/Freund/Cousin hat, der »total auf es abfährt« und es gern kennenlernen würde. Der Typ sei auch »echt total in Ordnung«, super nett und richtig süß. Wenn die gute Freundin (auch wenn man sie noch nie persönlich getroffen hat), das sagt, muss doch was dran sein, oder? Also willigt das Mädchen ein, sich mit besagtem Verehrer zu treffen.

Die Model-Masche

Im Grunde ist diese Masche uralt: Ein Mann spricht ein Mädchen an, verspricht ihm, es »groß rauszubringen«. Er lockt es in einen Hinterhalt, entführt es möglicherweise, setzt es unter Drogen, zwingt es zu Nacktfotos und sexuellen Handlungen. In Zeiten des Internets kommt man leichter ans Ziel, weil sich der vermeintliche Fotograf hinter einem gefakten Profil und falschen Fotos verstecken und die Mädchen und auch Jungen so noch viel leichter in die Falle locken kann. Nicht alle dieser »Fotografen« haben es darauf abgesehen, ein Kind offline zu treffen und zu vergewaltigen. Manche möchten in erster Linie auf einfache Art an pornografisches Material kommen und fordern dazu das Kind beispielsweise auf, vor der Webcam »sexy« zu posieren, sich vielleicht auch auszuziehen. Sie schneiden die Übertragung mit und verbreiten das Material weiter.

Die Mitleidsnummer

Eine besonders perfide Masche ist die »Mitleidsnummer«. Die Täterin oder der Täter gibt sich als hilfebedürftige (beispielsweise sterbenskranke) Person aus und gewinnt dadurch die Sympathien und das Mitgefühl der Jugendlichen. Nachdem er so ihr Vertrauen erschlichen hat, bittet er beispielsweise um »eine letzte Freude«: Nacktfotos des Opfers. Weil wir alle emotionale Wesen sind und traurige Geschichten die wenigsten von uns kalt lassen, kommen viele Kinder und Jugendliche der Aufforderung nach.

Natürlich sind diese Maschen nur beispielhaft, eben die »Klassiker«, wenn man so will, es gibt aber zahlreiche Varianten.

Generell kann man festhalten, dass Täter – zumindest ab einem gewissen Punkt – keine Scheu haben, ihre sexuellen Fantasien vor den Opfern auszubreiten. Sie benutzen derbes Vokabular und kommen sehr direkt zur Sache. Sie erkundigen sich beispielsweise nach dem Aussehen ihrer Opfer (»Hast du schon Schamhaare?«) oder Körpervorgängen (»Hast du morgens einen steifen Schwanz?«). Sie erzählen auch von ihren eigenen sexuellen Erfahrungen und davon, was sie gern mit dem Kind anstellen würden (das reicht von »Wenn wir uns treffen, darf ich dich dann untenrum anfassen, auch ohne Höschen?« über »Dann darfst du auch meinen Schwanz lutschen« bis hin zu »... und dann ficke ich dich ordentlich in jedes Loch«). Sie fordern die Kinder dazu auf, sich selbst anzufassen und zu beschreiben, was genau sie tun und was sie dabei empfinden. Manche Kinder und Jugendlichen finden das zunächst einmal spannend, aufregend, erregend. Das ist irgendwie auch verständlich, gerade, wenn man mitten in der Selbstfindungsphase steckt. Viele empfinden es sicher auch als Kompliment, von einem Älteren begehrt und schön gefunden zu werden. So kann es dazu kommen, dass die Kinder und Jugendlichen erst einmal mitspielen.

So kann ein Chat verlaufen

So vielfältig wie die Strategien der Täter, so unterschiedlich sind natürlich auch die Chatverläufe. Im Folgenden ein typisches Beispiel. In vielen Chats fallen noch deutlich stärker sexuell aufgeladene Bemerkungen. Denken Sie nicht gleich: So redet meine Tochter aber nicht, das trifft nur auf andere zu. Sie sollten davon ausgehen, dass Ihr Kind online ganz andere Wörter benutzt als Ihnen gegenüber. (Die Usernames sind frei erfunden, Überschneidungen mit real existierenden Benutzernamen rein zufällig.)

sexxi13: hallo ich bin meike
Prinz_CHARMING: woher?
sexxi13: köln. du?
Prinz_CHARMING: auch
Prinz_CHARMING: wie alt?
sexxi13: erst 13 ... schlimm?
sexxi13: seh aber älter aus ;))
Prinz_CHARMING: jung ist super ... schick mal ein foto
sexxi13: vielleicht später
sexxi13: bin grad voll depri
Prinz_CHARMING: wieso?
sexxi13: stress mit eltern
Prinz_CHARMING: scheiße. kenn ich
Prinz_CHARMING: ist aber schon lang her bei mir :-P
sexxi13: wie alt bist denn?
Prinz_CHARMING: ... alt ...
sexxi13: WIE alt?

Prinz_CHARMING: 43. schlimm?
sexxi13: nee, find ich voll ok
Prinz_CHARMING: und was ist jetzt mit foto?
Prinz_CHARMING: schick mal
sexxi13: gut ... ist aber schon was älter ...
sexxi13: seh da echt voll jung aus
Prinz_CHARMING: wow heiß
sexxi13: echt findest du?
Prinz_CHARMING: na klar sehr sexy
sexxi13: danke!!! *rotwerd*
Prinz_CHARMING: du siehst so geil aus ...
Prinz_CHARMING: lass mal deine brüste sehen
sexxi13: weiß nich ...
Prinz_CHARMING: muss dir nicht peinlich sein
Prinz_CHARMING: los mach schon schick mal bild
sexxi13: ok ... aber nett sein ...
Prinz_CHARMING: klar
sexxi13: also hier ...
Prinz_CHARMING: geil ... siehst ganz schön scharf aus
sexxi13: logisch ...
Prinz_CHARMING: mhhh bin gerade so geil
sexxi13: oh
Prinz_CHARMING: ... schlimm??
sexxi13: nee, nee, schon ok ...
Prinz_CHARMING: würd mich voll gern mit dir treffen ...
sexxi13: erlauben meine eltern nicht :/
Prinz_CHARMING: wir wissen doch beide, dass die keine ahnung haben ...
sexxi13: ja, stimmt
Prinz_CHARMING: also?
Prinz_CHARMING: treffen?
sexxi13: weiß nich
Prinz_CHARMING: kannst auch ne freundin mitbringen

Prinz_CHARMING: zum aufpassen ;)
sexxi13: hm
Prinz_CHARMING: hab schon mal mit zwei in deinem alter
sexxi13: echt?? dreier, oder was?
Prinz_CHARMING: klar. könnte dir'n paar tipps geben
sexxi13: :))
Prinz_CHARMING: los gib mal deine email
sexxi13: sexxi13@xy.de
Prinz_CHARMING: hätt gern ein nacktfoto von dir ... ;-))
sexxi13: weiß nich ...
Prinz_CHARMING: bist wohl doch ein baby, was????
sexxi13: nee quatsch
Prinz_CHARMING: dann mach die webcam an

Ich bin immer wieder erschrocken, wie unglaublich schnell die Beziehungsanbahnung online oft vor sich geht und wie unverfroren die Täter zur Sache kommen. Dass das alles so schnell geht, hängt wohl mit mehreren Faktoren zusammen:

- Die Geschwindigkeit von Kommunikation ist online einfach sehr viel höher als offline. Die Sprache wird zu diesem Zweck oft verstümmelt, keiner schreibt mehr in ganzen Sätzen. Im Chat schon gar nicht.
- Viele Kinder und Jugendliche sind sehr vertrauensselig und denken meist zunächst einmal nichts Schlechtes von ihrem Gegenüber.
- Die Opfer befinden sich in einer Umgebung (zum Beispiel dem eigenen Zimmer), in der sie sich wohl und sicher fühlen. Das erleichtert es dem Täter wesentlich, denn so ist er nicht gezwungen, selbst für eine angenehme Atmosphäre zu sorgen.
- Und es ist eine Frage der Wahrnehmung: Für viele ist das, was im Netz vor sich geht, »irgendwie sowieso nicht

real«, also kann man ruhig auch schnell zur Sache kommen.
- Die Dreistigkeit der Täter (und Täterinnen) erklärt sich auch durch die riesige Auswahl, die sie online haben. Kommen sie bei dem einen Mädchen oder Jungen nicht weiter, haben sie hunderte, sogar tausende zur weiteren Auswahl.

Alles ist wahr – oder auch nicht

Genau da liegt ein großes Problem: Im Internet ist alles wahr – oder auch nicht. Und so reden sich auch viele Täter raus: »Sie hat doch gesagt, sie sei schon 16« oder andersherum: »Klar hat sie behauptet, dass sie erst 13 ist. Aber auf den Bildern sah sie viel älter aus. Im Internet erzählt doch jeder, was er will«. Natürlich stimmt das in gewissem Maße, aber eine Entschuldigung dafür, einen Minderjährigen sexuell zu belästigen, gibt es einfach nicht.

In meiner Arbeit sind mir schon oft Fälle wie der folgende untergekommen: Ich wurde auf das Profil eines Mädchens aufmerksam gemacht, das sich als 16-Jährige ausgab, nach ihren Bildern zu urteilen aber eher elf oder zwölf Jahre alt war. In ihrem Profil hatte sie einige Fotos gepostet: von sich selbst im Kinderzimmer, mit ihrem Teddy, lachend mit einer Freundin. Und zwei Bilder, auf denen sie mit gespreizten Beinen auf ihrem Schreibtischstuhl sitzt – so, dass man unter dem Rock ihr Höschen sehen konnte. Darunter standen einige Kommentare von anderen Nutzern, unter anderem stellte einer fest, wie »heiß« er das Bild findet. Ich habe mir das Profil dieses Nutzers angeschaut: Es handelte sich um einen 41-jährigen Mann (der auf seinem Profilbild auch wie 41 aussah) und der in seiner Freundesliste ausschließlich sehr junge Mädchen hatte. Was genau dieser Mann mit seinen Kommentaren bezweckt hat, kann ich natürlich nur vermuten. Ich weiß aber sicher, dass dies ein beliebter Einstieg in die sexuelle Anmache ist. Sollte das Mädchen auf seine Kommentare reagiert haben, ist die Wahrscheinlichkeit hoch, dass auch der Mann weiteren Kontakt gesucht hat. In diesem Fall riet ich der Userin aus dem sozialen Netzwerk, die das Profil und die Kommentare gemeldet hatte, zunächst mit dem Mädchen über das Posten solcher Fotos zu sprechen und den »ach so kommentarfreudigen« Mann beim Betreiber des sozialen Netzwerks zu melden, der dann gegebenenfalls Strafanzeige erstatten kann – sollte sich herausstellen, dass sich besagter Nutzer online an Kinder heranmacht.

Es sind mir aber auch Fälle bekannt, in denen zwölfjährigen Jungen explizite Fotos von erwachsenen Frauen, vermeintlichen Verehrerinnen, geschickt wurden. Der Blick in die Vagina oder auf die Brüste wird gepaart mit der Aufforderung, Bilder des erigierten Penis zu schicken. In vielen Fällen verbirgt sich genau dahinter die Falle. Sobald der Junge das Bild geschickt hat, wird er erpresst. Anfang 2014 wurde ein international operierender Erpresserring auf den Philippinen zerschlagen, der genau nach dieser Masche auf Jungen und Männer abzielte. Ein Opfer zahlte 15 000 US$ um die Bloßstellung zu verhindern. Ein 17-jähriger Junge aus Schottland hingegen nahm sich aus Furcht das Leben.

Viele Eltern können sich schlicht nicht vorstellen, dass ihr Kind solche Sachen macht. Mit an Sicherheit grenzender Wahrscheinlichkeit haben weder die Eltern des Mädchens aus dem Beispielfall keine Ahnung, mit was für Fotos sich ihr Kind im Netz präsentiert, noch wussten die Eltern des schottischen Jugendlichen Bescheid. Und weil den Kindern natürlich klar ist, dass sie etwas »irgendwie Verbotenes« tun, trauen sich viele nicht, nach unangenehmen Erlebnissen mit jemandem darüber zu sprechen. Sie fühlen sich mit schuldig an dem, was geschehen ist. Hier müssen Eltern unbedingt die Basis für einen offenen Umgang schaffen – und sich mit dem Gedanken auseinandersetzen, dass möglicherweise auch ihr Kind aufreizende Fotos von sich hochlädt.

Welche Ziele verfolgen die Täter?

Ebenso wie die Strategien sind auch die Ziele der Täter verschieden. Es gibt solche, die ihrer »Neugierde« online leichter nachgeben können als offline. Das heißt, sie machen sich online zunächst einmal auf die Suche, schlicht weil es so einfach ist und sie nicht in den ganz direkten Kontakt mit dem Mädchen oder Jungen treten müssen. Die Hemmschwelle ist damit also geringer. Sie ziehen los und schauen, wie sich das alles entwickelt.

Einigen reicht es vielleicht, mit einem Kind Gespräche über Sex zu führen und sich währenddessen zu befriedigen. Andere sind exhibitionistisch veranlagt und wollen, dass ihnen das Kind bei der Selbstbefriedigung zusieht. Wieder andere legen es ganz konkret darauf an, pornografische Aufnahmen von einem Kind zu bekommen oder sich in der realen Welt mit ihm zu verabreden. Manche wollen dabei vielleicht auch »einfach mal schauen«, wie weit sie gehen können, andere haben explizit die Absicht, das Kind sexuell zu missbrauchen.

Auch auf der Gefühlsebene sind die Täter unterschiedlich gestrickt: Manchen geht es um den schnellen Kick – sie wissen, dass sie etwas Verbotenes tun, und fallen einfach direkt mit der Tür ins Haus. Andere wollen »wirklich« eine Beziehung zu einem Kind aufbauen. Sie geben sich Mühe, Vertrauen zu schaffen, und »verlieben« sich in ihrer krankhaft veränderten Wahrnehmung vielleicht sogar.

Strategien und Motivation der Online-Täter sind also höchst unterschiedlich und bislang noch nicht im Detail untersucht. Da sich aber vieles mit dem überschneidet, was man vom Offline-Missbrauch her weiß, haben wir für unsere Präventionsarbeit trotz allem eine gute Grundlage.

Kapitel 5
Psychologie der Täter

Wenn wir in diesem Kapitel einen genaueren Blick auf die Täter und Täterinnen werfen und versuchen, ihr Vorgehen besser zu verstehen, um Gefahren zuverlässiger zu erkennen, dann stellt sich hier die Frage: Über wen reden wir eigentlich?

»Perverse, Pädophile, Pädosexuelle, Pädokriminelle« – in der öffentlichen Debatte werden diese und noch weitere Ausdrücke gebraucht, mal für denselben Tätertyp, mal für ganz unterschiedliche Persönlichkeitsstrukturen bzw. Sachverhalte. Die Fachwelt hingegen differenziert zwischen unterschiedlichen medizinischen Krankheitsbildern bzw. Störungen. Die Juristen legen eigene Kriterien an. Problematisch ist, dass sich nicht alle Verhaltensweisen eindeutig bewerten lassen. Auch ist die Unterscheidung zwischen den Aktionen jugendlicher und älterer Täter häufig schwierig. Es gibt Übergangsphasen, die schwer einzuordnen sind.

In diesem Buch und vor allem in diesem Kapitel spreche ich daher in einem allgemeinen Kontext nur von Tätern, das heißt, Menschen, die Kinder sexuell missbrauchen bzw. sich ihnen nähern, um sich sexuell zu erregen. Bei konkreten Beispielen, wenn die klare Differenzierung möglich ist, verwende ich gelegentlich auch die Fachbezeichnung. Wenn jedoch etwa von Täterstrategien die Rede ist, wird nicht im Einzelnen differenziert, ob es sich um einen Pädophilen oder anderen handelt. Sie werden auch häufig Beschreibungen und Zahlen lesen, die sich auf den Offline-Bereich beziehen, nicht speziell auf Cybergrooming. Das liegt daran, dass das Phänomen im Offline-Bereich bisher besser erforscht und mit Zahlen unterlegt ist.

Im wissenschaftlichen Sprachraum ist Pädophilie eindeutig definiert: Dabei handelt es sich um eine sexuelle Fixierung auf den kindlichen Körper, die als eine krankheitswerte Störung gewertet wird. Ein Pädophiler wird sexuell erregt durch den Anblick von Mädchen- oder Jungenkörpern, die noch keine äußeren Geschlechtsmerkmale aufweisen, also keinen Busenansatz, keine Körperbehaarung, einen kleinen Penis haben usw. Ein Pädophiler ist also auf ein klar umrissenes Körperschema fixiert, beispielsweise auf Kinder zwischen vier und sechs Jahren oder auf Kinder zwischen neun und elf Jahren. Entsprechend werden Menschen, die hebephil sind, durch den pubertierenden Körper erregt, der bereits erste Anzeichen der Geschlechtsreife zeigt.

Die Experten sagen, dass sich die persönliche Sexualpräferenz mit dem Ende der Pubertät manifestiert hat. Das heißt: Wenn eine Pädophilie oder Hebephelie manifest ist, lässt sie sich nicht mehr ändern. Eine Therapie im Sinne von Heilung oder Änderung ist nicht möglich. Das Einzige, was möglich und auch zu fordern ist, ist die lebenslange Selbstkontrolle. Einigen gelingt das, deshalb ist nicht jeder Pädophile per se ein Pädokrimineller, also jemand der übergriffig wird oder Kinder sexuell missbraucht. Doch kann man einen Menschen mit pädophiler Ausrichtung mit einem Süchtigen vergleichen: Er bekommt sich vielleicht in den Griff, ist aber immer gefährdet. Diese »Sucht« vergeht nie, diese Störung wird nie geheilt. Auch eine mögliche Ehe, nicht einmal die Zeugung und Geburt eigener Kinder ändern an der sexuellen Vorliebe grundsätzlich etwas.

Wichtig ist zu verstehen: Nicht jeder Pädophile missbraucht zwangsläufig Kinder und nicht jeder Missbraucher ist pädophil. Die Experten der Berliner Charité gehen davon aus, dass nur rund 15 Prozent der inhaftierten Missbraucher alle diagnostischen Kriterien einer pädophilen Hauptströmung – also einer Kernpädophilie – erfüllen. Ca. 25 Prozent erfüllen die Kriterien einer pädophilen Nebenströmung, sind also sowohl von gleichaltrigen Erwachsenen als auch von Kindern sexuell erregbar. Insgesamt haben also nur ca. 40 Prozent aller inhaftierten Missbraucher eine mehr oder weniger stark ausgeprägte pädophile Neigung.

Im Umkehrschluss bedeutet das: Rund 60 Prozent der inhaftierten Missbraucher haben sie nicht. Bei ihnen liegen andere Gründe für ihren Übergriff vor. Häufig handelt es sich um sogenannte Ersatzhandlungen für gewünschte (sexuelle) Interaktionen mit Erwachsenen.

Kinder und Jugendliche als Täter

Viele Menschen stellen sich den »typischen« Missbraucher als abstoßenden, schmierigen älteren Mann mit dickem Bauch vor, der Probleme mit Frauen hat – eine Klischeefigur aus einem schlechten Film oder Roman. Doch die Statistik des Bundeskriminalamts für 2013 spricht eine andere Sprache: Von den insgesamt 8759 Tatverdächtigen, gegen die ermittelt wurde, sind 2963 unter 21 Jahre alt, also grob gerechnet ein Drittel. Nicht wenig, würde ich sagen, und sicher für viele Eltern und Betreuungspersonen eine Überraschung, deren Verdachtsschema auf ganz andere Personen ausgerichtet ist.

Von den jugendlichen Tatverdächtigen unter 21 wiederum ist ein Drittel unter 14 Jahre – also noch nicht strafmündig. Wohlgemerkt: Es handelt sich hier um Verdächtige, die bei der Polizei zur Meldung gebracht und erfasst wurden. In vielen Fällen werden Vorkommnisse dieser Art gar nicht entdeckt oder wenn doch eher »unter den Teppich gekehrt« oder anders geregelt. Ich führe die Erkenntnisse zum Alter von Tätern bzw. Verdächtigen hier etwas ausführlicher aus, weil viele von den Lesern dieses Buchs entweder selbst auch Kinder in diesem Alter haben oder sie als Erzieher, Lehrer, Trainer im Sportverein etc. betreuen.

In solchen Fällen stellt sich in aller Regel die Frage: Ist dieses übergriffige Verhalten von Kindern und Jugendlichen möglicherweise bereits Ausdruck einer beginnenden krankhaften Entwicklung oder der Ausdruck einer allgemeinen Gewaltbereitschaft oder gar nur eine Phase? Wenn sie sexuell übergriffig werden, handelt es sich dann um ein Ausprobieren sexueller Möglichkeiten, das aus welchen Gründen auch immer entgleist ist? »Verwächst« sich das noch oder sind es bereits die Anzeichen einer massiven, krankheitswerten sexuellen Störung? Auf der International Family Violence and Child Victimization Research Conference Portsmouth 2006 in New Hampshire stellte Mark Chaffin eine Langzeitstudie vor, die der Frage nachgegangen war, ob Personen, die in ihrer Kindheit sexuell übergriffig waren, sich zu Tätern entwickelt hatten. Die klare Antwort lautete »Nein«, jedenfalls nicht zwangsläufig. Allerdings: Wie bei allen Statistiken und erst recht bei so einem heiklen Thema wie sexueller Missbrauch von Kindern gilt es viel zu bedenken und einzubeziehen, was nicht in Zahlen festgehalten werden kann oder was einfach nicht ans Tageslicht kommt.

Grundsätzlich kann man sagen, dass die weitere Entwicklung von übergriffigen Kindern und Jugendlichen stark davon abhängt, wie das Umfeld reagiert – wie immer, wenn es sich um psychische Zusammenhänge handelt. Und gerade deshalb ist es so wichtig, eindeutig begrenzend und gleichzeitig unterstützend zu handeln. Es gilt, den Ursachen für das Verhalten auf den Grund zu gehen.

Bei jüngeren Kindern in Kindergarten oder Grundschule muss man sich auf jeden Fall fragen, was etwa Doktorspiele, die zu weit gehen, ausdrücken. Es kann sich zum Beispiel um eine sogenannte Reinszenierung dessen handeln, was diese Kinder selbst an sich erleben. Es kann auch eine Übersprunghandlung sein, das heißt, dass diese Kinder zu Hause nicht unbedingt sexualisierte Gewalt erleben, aber vielleicht in einem gewalttätigen Umfeld leben. Das müssen nicht unbedingt Prügel mit anschließend wahrnehmbaren Verletzungen sein, es kann auch emotionale Vernachlässigung vorliegen oder psychische Unterdrückung, auch die Scheidung der Eltern wird oft als gewaltvoll erlebt. Manche Kinder kompensieren diese Erlebnisse durch eine solche Übersprunghandlung, das heißt, sie wenden die Gewalt, die sie selbst ohnmächtig erdulden müssen, gegenüber anderen, Schwächeren an.

Generell tut sich das Umfeld schwer, mit den Übergriffen von Kindern und Jugendlichen adäquat umzugehen und sich klar dazu zu verhalten. Das vorherrschende Gefühl ist Peinlichkeit, nicht nur bei den Eltern der übergriffigen Kinder, auch die Eltern der Opfer reagieren oft eher unangenehm berührt als klar. Dabei gilt hier genau wie bei anderen Gelegenheiten: je eindeutiger die Haltung, desto besser. Mit Klarheit ist nicht Verdammung gemeint, auch nicht das Ergreifen von Fundamentalmaßnahmen, etwa das Kind aus dem Kindergarten zu nehmen, weil man womöglich befürchtet, dass es eine ganze Gruppe misshandelt.

Nötig ist vielmehr: Das Kind muss sehr entschieden in die Schranken verwiesen werden, man muss ihm sehr deutlich sagen, dass es etwas getan hat, das sich nicht wiederholen darf. Manche Eltern erklären mir: »Ja, aber er/sie hat es doch gar nicht so gemeint, er/sie weiß doch gar nicht, was er/sie da getan hat.« Umso nötiger ist es klarzumachen, worum es sich handelt und dass es keine Kleinigkeit ist, einem anderen Kind auf diese Weise zu Leibe zu rücken. Es ist sehr wichtig, dass das Kind eine Vorstellung von den Dimensionen seines Verhaltens gewinnt und Ausreden nicht akzeptiert werden. Selbst wenn das andere Kind sich provozierend verhalten oder eine ganze Weile »mitgemacht« hätte, gilt es stets, die Verantwortung für das Verhalten klar zu benennen: Ein Täter überschreitet mit seinem Tun immer eine Grenze, die es im Verhältnis zweier Menschen gibt. Da gibt es nichts zu beschönigen. Und je eher und deutlicher man solche Tabubrüche benennt und verurteilt, umso besser für alle. Wie oben schon ausgeführt: Nicht jeder übergriffige junge Mensch wird notwendigerweise als Erwachsener ein Sexualstraftäter. Doch muss man unbedingt bei frühen Auffälligkeiten bestimmte Verleugnungs- und Entschuldigungsmuster durchbrechen. Und dem Kind dabei helfen, Verantwortung zu übernehmen und aus den Konsequenzen zu lernen. Wenn all das in einer klaren, dabei durchaus liebevollen und unterstützenden Weise stattfindet, ist eben auch dem übergriffigen Kind geholfen!

Bei jugendlichen Tätern kommen prinzipiell dieselben Gründe infrage, die für die Jüngeren beschrieben wurden. Außerdem kann aber auch der Druck der Clique starken Einfluss ausüben. Generell gilt, dass die Orientierungslosigkeit in der Pubertät den Wunsch nach Handlungen verstärkt, die »eindeutig« sind, und die beweisen, dass man »bestimmt, was Sache ist«. Oder aber den eigenen Wünschen wird so viel Bedeutung beigemessen, dass man sich über die Grenzen anderer hinwegsetzt. Also sinngemäß – »jetzt sind wir schon so lange zusammen«, »alle anderen haben schon« oder »stell dich nicht so an«.

Es ist allerdings durchaus möglich, dass übergriffiges Verhalten Jugendlicher auch schon Ausdruck einer »Fehlentwicklung« – vielleicht sogar im Sinne einer pädophilen Störung – ist. Umso wichtiger ist es, auch hier eine klare Haltung einzunehmen. Dem oder der Jugendlichen deutlich zu verstehen zu geben: Das ist weder ein Spaß noch eine Bagatelle. Es gilt, sie mit den Gefühlen der Opfer zu konfrontieren und Verleugnung entweder gar nicht erst zuzulassen oder aber zu durchbrechen.

Je früher, unterstützender und klarer übergriffige Jugendliche mit ihrem Verhalten konfrontiert werden, desto eher können sie sich ihrem Verhalten stellen und daraus lernen. Das ist im Übrigen Prävention im besten Sinne – denn es vermeidet eine mögliche Täterkarriere und schützt so mögliche weitere Opfer vor Übergriffen.

Zur Klarstellung: Wenn wir uns so intensiv mit der Entwicklung und Motivation der Täter beschäftigen, dann ist das keineswegs als Vernachlässigung der Opfer zu verstehen oder gar als Missachtung ihrer Gefühle oder Rechte. Es ist vielmehr so, dass Prävention nur dann aussichtsreich sein kann, wenn man die Genese der Täter kennt – also das Verhalten der Täter, die Geschichte ihres Tätlichwerdens erschließt. Denn grundsätzlich kann man festhalten: Auffälliges Verhalten ist zunächst einmal der Ausdruck eines Problems. Das heißt gerade bei Erwachsenen nicht, dass man ein solches Verhalten entschuldigt, sondern zunächst erkennt, dass ein Problem vorhanden ist, das zu solchem Verhalten führt. Worum es sich genau handelt, muss man eben herausfinden. Daraus wiederum lassen sich auch Erkenntnisse für wirksame Prävention gewinnen, die es ermöglichen, gerade bei übergriffigen Kindern und Jugendlichen einzugreifen.

Geschlossene Sichtweisen erwachsener Täter

Ob bei Aussagen vor Gericht, in Interviews oder in therapeutischen Gesprächen: Bei den Erläuterungen der erwachsenen Täter fällt immer auf, dass sie ein geschlossenes Bild präsentieren. Sie sagen so gut wie nie von sich, sie seien pädophil oder folgten einer verbotenen Neigung oder hätten dem betroffenen Kind Schmerz bereitet. Ihre Argumentation ist in sich vollkommen schlüssig und undurchdringlich. Viele sprechen über die »Beziehung« mit dem Kind, Pädophile häufig sogar über die »Liebesbeziehung«, die zwischen ihnen beiden bestehe. Deshalb könne es sich ja auch nicht um etwas Verbotenes handeln. Andere wiederum leugnen die Tat konsequent oder aber verweisen darauf, das Kind habe sie »verführt«. Nur selten oder erst nach mühsamem Insistieren wird zugegeben, an dieser Beziehung sei nicht alles problemlos, dass Angst vor Entdeckung, Angst vor der Polizei herrscht. Manchmal geht diese Angst über in ein schlechtes Gewissen und eine gewisse Erleichterung bei Entdeckung. Es herrscht jedoch der Eindruck vor, dass das notwendige Verbergen der Taten eher als lästig empfunden wird denn als Merkmal des Verbotenen.

Diejenigen Täter, die von einer »Liebesbeziehung« sprechen, billigen das, was eine tatsächliche Liebesbeziehung ausmacht, nämlich Entscheidungsfreiheit des Partners oder der Partnerin, dem Kind nicht zu. Die Täter gehen hochgradig manipulierend vor und wenden miese Tricks an, genau wie man es aus schlechten, asymmetrischen Beziehungen unter Erwachsenen kennt. Sie bauen Druck auf, kaufen sich Zuneigung durch Geschenke und machen dem anderen ein schlechtes Gewissen, wenn er sich nicht wie verlangt verhält. Doch stets wird die Fiktion aufrechterhalten: Das Kind kommt zu mir, nicht weil ich es zwinge oder überrede, sondern weil es mich liebt und das alles selbst möchte.

Andere Täter wiederum empfinden ihr Handeln als ihr gutes Recht. Sie standen unter Druck, es ist doch ihr Kind, das Kind hat provoziert etc. Und auch sie verneinen die Tatsache, dass sie selbst hochgradig manipulativ vorgegangen sind, um zu erreichen, was sie wollten, oder aber sich rücksichtlos genau das holten, was sie wollten.

Natürlich fragt man sich: Was unterscheidet diesen Menschen von einem anderen? Wieso erkennt er nicht, dass er einen anderen, einen Schwächeren seiner Freiheit, seiner Unbeschwertheit beraubt, dass er ihn aufs Übelste körperlich und seelisch verletzt? Warum blendet ein Täter aus, dass in der »Beziehung« zwischen ihm und dem Kind eine absolute Ungleichheit herrscht, dass es eine hierarchische Beziehung ist, in der er immer die Oberhand behält und bestimmt? Weltweit setzen sich Forscher aus Psychologie und Sexualwissenschaft mit genau dieser Frage auseinander. Eine hundertprozentig plausible Erklärung gibt es bis heute nicht. Wahrscheinlich auch deshalb nicht, weil bei jeder menschlichen Entwicklung so viele Faktoren mitspielen, dass sie nicht alle zu erfassen sind.

Es lassen sich jedoch einige charakteristische Merkmale eines Täters identifizieren:

1. **Das eigene Bedürfnis des Täters hat absolute Priorität.** Er geht von seiner eigenen Bedürfnislage aus und interpretiert alles unter dieser Perspektive. Man kann auch von einer verzerrten Wahrnehmung und Umdeutung der Wirklichkeit sprechen. Andere Bewertungen oder Blickwinkel werden gar nicht in Erwägung gezogen. Egal was die Kinder sagen, ob sie eine Abwehrhaltung einnehmen oder ob sie Wünsche äußern: Sie spielen überhaupt keine Rolle. Die Täter gehen davon aus, dass die Kinder sie lieben, so wie sie sie »lieben«. Oder aber, dass es schlicht ihr gutes Recht sei, so zu handeln.

In jeder Beziehung, auch unter Erwachsenen, liegt die Definitionsgewalt immer beim Stärkeren. Er gestaltet im Wesentlichen die Beziehung. Gleichwohl kann es auch bei unterschiedlich starken Erwachsenen eine Dynamik im Verhältnis zwischen den Partnern geben, es kann sich etwas ändern, entwickeln. In der Beziehung zwischen einem Erwachsenen und einem Kind jedoch sind die Machtverhältnisse von vornherein eindeutig definiert und der schwächere Teil hat keine Chance.

2. **Die Täter fühlen sich ihrer Umgebung häufig überlegen.** Aus den Interviews, die Dr. Anna Salter mit Tätern geführt hat, ging hervor, dass etliche nicht nur die sexuelle Erfahrung als befriedigend erlebten, sondern einen zusätzlichen Kick daraus erhielten, dass sie ihre Umwelt nahezu perfekt täuschen konnten. Die Täter sonnen sich in dem Gefühl, zwei Gesichter zu haben und damit ihrer Umwelt überlegen zu sein.

3. **Die Täter interpretieren die ambivalente Beziehung der Kinder zu ihnen um.** Ein häufig benutztes Argument der Täter lautet: Ja, aber er/sie ist doch immer wieder gekommen. Er/sie hätte ja wegbleiben können, wenn er/sie sich bei mir nicht wohlgefühlt hätte. Die Täter sehen nicht die Not hinter dem Verhalten der Kinder, den Zwiespalt, in dem sie sich befinden und den sie nicht auflösen können. Aus meiner Arbeit mit missbrauchten Kindern weiß ich: Kinder mögen oder lieben die Täter oft tatsächlich. Das Dilemma, in dem die Kinder stecken, wird vom Täter nicht gesehen. Viele Kinder sagen: »Es wäre doch alles gut, wenn er nur damit aufhören würde. Ich will gern zu ihm nach Hause, wenn er nur damit aufhört. Er soll das sein lassen«.

Man muss jedoch bedenken, dass es auch bei vielen Beziehungen zwischen Erwachsenen so ist: Die ambivalenten Verhältnisse haben häufig eine noch stärkere Bindekraft als die eindeutigen. Die Spannung aus Anziehung und Ablehnung, aus Enttäuschung und immer wieder aufflammender Hoffnung ist ein sehr wirksamer Mechanismus. Bei den betroffenen Kindern ist es vor allem die Hoffnung, der Täter oder die Täterin möge endlich damit aufhören, die wirkt. Gerade kleinere Kinder folgen außerdem gern einer magischen Denkstruktur: »Wenn ich heute hingehe, weil meine Eltern keine Zeit haben, dann macht er es bestimmt nicht, heute nicht«. »Wenn ich meinen Beschützerteddy mitnehme, dann passiert nichts«. Doch auch größere Kinder und Jugendliche versuchen, sich etwas »schönzureden«, was sie belastet, weil sie sich gefangen fühlen und aus dieser Situation nicht mehr herausfinden.

4. **Die Täter blenden aus, dass ihr Tun verboten ist.** Über lange Zeit, oft über Jahre üben sie ein bestimmtes Verhalten ein, das alles ausblendet, was gegen ihre Tat spricht. Es ist ein absolut unumstrittenes gesellschaftliches Tabu, Sex mit Kindern zu haben. Keiner kann behaupten, das sei ihm nicht klar gewesen. Viel Unheil haben Teile der 68er und ihre undifferenzierte Pädophilenströmung angerichtet, die dieses Tabu als Ausfluss einer Spießerhaltung deklarieren, ja sogar als Unterdrückung der natürlichen sexuellen Bedürfnisse der Kinder. Bis heute beziehen sich manche zum Beispiel in Online-Foren auf diese Argumentation. Fakt ist und bleibt jedoch: Kinder wollen keinen Sex mit Erwachsenen.

5. **Die Täter legen natürliches kindliches Verhalten in ihrem Sinne aus.** Kinder und Jugendliche besitzen eine natürliche Neugierde, sie haben Freude an Entdeckungen. Das bezieht auch die Sexualität mit ein. Jeder Erwachsene, der den Eindruck hat, dieser Entdeckungsdrang gehe zu weit, wird das thematisieren. Und er wird es tun, ohne erregt zu sein. Ein

Mensch mit einer egal wie begründeten sexuellen Präferenz für Kinder jedoch nutzt diesen Forscherdrang für seine Interessen aus. Er blendet aus, dass das Kind die Konsequenzen seiner Handlungen gar nicht überblicken kann, dass es sich des sexuellen Kontexts wahrscheinlich gar nicht bewusst ist. Die kindliche Sexualität unterscheidet sich erheblich von der des Erwachsenen – das negiert ein Täter.

6. **Die Täter verleugnen.** Sie leugnen jegliche Verantwortung für ihr Tun, immer mit Verweis darauf, »dass er/sie das doch auch gewollt habe«. In der Auseinandersetzung zwischen Therapeut und Täter beansprucht dieser Punkt sehr viel Zeit und Energien. Eine wichtige Aufgabe der Therapie besteht nämlich darin, diese Verleugnung zu durchbrechen und ihn dazu zu bringen, die Verantwortung zu übernehmen – und zwar die alleinige Verantwortung für die Gestaltung der Beziehung zwischen ihm und dem Kind.

7. **Die innere Spaltung ermöglicht den Tätern, weiterhin ein normales Leben zu führen.** Nicht nur, dass sie wie oben ausgeführt, nichts sehen, wofür sie Verantwortung übernehmen müssten. Durch die innere Spaltung können sie auch ein äußerlich ganz normales Leben führen. Sie haben vielleicht Familie, möglicherweise sogar Kinder im Alter des Opfers. Und sie wären die Ersten, die sich öffentlich darüber empörten, wenn »ein Kinderschänder« frei ausginge.

Sie trennen alles voneinander: auf der einen Seite ein normales, alltägliches Leben, an dem sie auf gewisse Weise vielleicht gar nicht richtig beteiligt sind, das sie gleichsam absolvieren. Auf der anderen Seite das geheime Leben, das aufregende, das erregende, in dem die Erfüllung wartet.

Diese innere Spaltung, die sich äußerlich eben in der Doppelexistenz zeigt, ist für andere Menschen nur sehr schwer vorstellbar. Darin ist auch ein Grund zu sehen, warum es Eltern und anderen Betreuungspersonen oft so schwer fällt, ihren Kindern zu glauben, wenn diese Andeutungen machen. Es ist ihnen schier unmöglich zu denken, dass der nette Herr XY, der immer so höflich ist, in Wahrheit noch ganz andere Sachen tut.

Macht Gelegenheit Diebe?

Auch das ist schwer zu sagen. Sicherlich kann man davon ausgehen, dass jemand nicht erst durch den häufigen Anblick von Kinderkörpern im Internet oder in der Realität seine sexuelle Präferenz für Kinder entwickelt. Aber: Heutzutage sind pornografische Materialien so leicht verfügbar wie nie. Menschen, die vor zehn oder 15 Jahren aus Ängstlichkeit nicht an solches Material gekommen wären oder eigentlich nicht interessiert gewesen wären, haben heute keine Schwierigkeiten, sich mit Bildern aller Art zu versorgen. Die sozialen Hemmschwellen waren hoch. Früher musste man in einen anderen Ort fahren, um unerkannt in einen entsprechenden Laden zu gehen, und die heiklen Materialien wurden »unter der Theke« weitergegeben. Heute kann jedermann zu jeder Zeit in vollkommener Anonymität und unbeobachtet seinen Neigungen frönen.

Selbst das nach wie vor schwerer zugängliche Material der Missbrauchsabbildungen, also Kinderpornografie, ist sehr viel leichter zu erhalten als noch vor 15 Jahren. Und noch etwas ist neu: Ein Mensch mit einer pädophilen oder hebephilen Neigung erfährt im Netz, dass er nicht allein ist, dass es viele seiner Art gibt. Das ist für ihn eine große Entdeckung. Ein möglicherweise »anfälliger« Mensch hätte vor zehn oder 15 Jahren vielleicht gar nicht gewagt, sich nach Gleichgesinnten in seiner Umgebung umzuschauen. Doch heute findet er im Netz schnell »Freunde«, die so sind wie er und die ihn verstehen, die ihn mit Material und Tipps versorgen können. Einige Menschen werden sich von ihren eigenen Probeausflügen abgestoßen fühlen, andere spüren vielleicht eine gewisse Faszination und gehen immer wieder ins Internet. Es gibt sicher die, denen das Anschauen von Missbrauchsfilmen oder -fotos ausreicht. Doch gibt es auch andere, denen die Erregung durch die Bilder irgendwann nicht mehr genug ist, die ihre Fantasien auch einmal in der Realität erproben wollen. Das heißt: Es kommt zu einem sogenannten Kontaktverbrechen. Das bedeutet, der Missbrauch wird nicht nur begangen durch das Anschauen von sexuellem Missbrauch, der bereits stattgefunden hat, sondern der Täter missbraucht selbst ein Mädchen oder einen Jungen.

Intelligent und taktisch raffiniert: die Strategie der Täter

Der Großteil der Täter ist nicht primitiv. Im Gegenteil, ihr Vorgehen und ihre Planung sind gewieft. Zweifellos gibt es auch diejenigen, die die Situation durch Kraft regeln. Generell verhält es sich aber anders und ein Täter muss viel unternehmen. Meistens läuft das nach folgendem Schema ab:

1. **Ein Täter muss das Opfer auswählen.** Er sucht in Foren, Chats und anderen Plattformen nach geeigneten Kindern und Jugendlichen.

2. **Ein Täter muss das Opfer manipulieren.** Das heißt, er baut eine Beziehung auf. Er zeigt Verständnis, er vermittelt dem Kind das Gefühl, dass es von ihm in besonderer Weise verstanden wird, dass der Täter es besser versteht als Eltern,

Freunde und andere Bezugspersonen. Das ist der Prozess des sogenannten Groomings: Der Täter streichelt die Seele des Opfers, vermittelt ihm das Gefühl, bei ihm bestens aufgehoben zu sein. Es kommt zu Tests, um herauszufinden, wie das Kind darauf reagiert, ob es sich empört oder abgestoßen von eindeutig sexuellen Kontexten ist. Setzt es sich zur Wehr oder klickt es den Täter einfach weg, dann lässt dieser häufig auch davon ab, dieses Kind weiter zu verfolgen.

Ist kein Widerstand zu spüren, wird die Beziehung intensiviert. In der Offline-Welt kommt es in dieser Phase beispielsweise zu teuren Geschenken, über die sich das Kind freut, gleichzeitig aber weiß es, dass die Eltern das nicht gutheißen würden. Der Täter bietet an, das Geschenk zu Hause aufzubewahren, aber natürlich, ohne jemandem etwas davon zu sagen, das Kind könne aber jederzeit kommen und mit dem Geschenk spielen. Das ist der erste Schritt zu einem gemeinsamen Geheimnis. Es kommt dann zu Berührungen, Übergriffen – verbunden mit der Forderung, zu schweigen und der Drohung, dass offenbart wird, wie das Kind mitgemacht hat, wie oft es in der Wohnung war usw. Das Kind sitzt in der Falle.

In der Online-Welt läuft das vergleichbar ab, aber zunächst einmal eben online. Das heißt, es werden ebenfalls gemeinsame Geheimnisse aufgebaut, die das Kind in schwere Verlegenheit brächten, wenn die Eltern davon etwas erfahren würden. Es können zum Beispiel Fotos hin und her geschickt werden, zunächst vielleicht eher harmlose, dann eindeutig sexuelle. Und spätestens wenn Nacktfotos oder sexuell gefärbte Fotos verschickt wurden, kann der Täter diese als Druckmittel benutzen. Bei einigen Tätern kommt nie der Wunsch auf, sich mit den Opfern zu treffen, andere werden versuchen, eine tatsächliche Begegnung zu arrangieren.

3. **Ein Täter muss die Umwelt täuschen.** In der Offline-Welt ist das eine große Aufgabe, die der Täter mit Intelligenz und Einfallsreichtum löst. Die Eltern sollen auf alle möglichen Ideen kommen, aber nicht darauf, dass ein Missbrauch geschieht. Viele Täter aus dem sozialen Nahfeld eines Kindes gehen zum Beispiel direkt auf die Eltern zu, sie bieten an, auf das Kind aufzupassen, wenn die Eltern im Stress sind, Nachhilfe zu geben, das Kind irgendwohin zu fahren und alles Mögliche sonst noch. Wenn der Missbrauch läuft, ist es außerdem wichtig, dass das Kind schweigt. Es wird dem Kind vermittelt, dass ihm sowieso keiner glauben wird. Den Kindern scheint das auch zunächst plausibel und in der Tat glauben wir Erwachsene solche monströsen Geschichten nicht auf Anhieb. Dass sich der nette, gebildete Herr Soundso mit ausgezeichneten Manieren an dem Kind vergreifen könnte, ist unvorstellbar.

In der Online-Welt funktioniert die Vernebelung der Wahrnehmung der Umwelt viel leichter bzw. sie ist gar nicht nötig. Mit falschen E-Mail-Adressen etc. ist man für Eltern und Betreuungspersonen nur sehr schwer aufzuspüren. Natürlich muss man auch online aufpassen, dass das Gebot des Schweigens aufrechterhalten wird. Das Kind soll nichts erzählen über seine Erlebnisse im Chat, nicht zugeben, dass es sexuell aufreizende Fotos oder Filme schaut bzw. sogar von sich selbst herstellt und verschickt. Das Kind soll aufpassen, dass das Material nicht entdeckt wird. Doch das lässt sich einfach bewerkstelligen.

Exkurs: Frauen als Täterinnen

Wir sprechen die ganze Zeit von Tätern und meinen damit in der Regel Männer und männliche Jugendliche und Heranwachsende. Wir sollten jedoch nicht ausblenden, dass auch Frauen als Täterinnen infrage kommen können. Zweifellos ist die übergroße Mehrzahl der bekannten Täter männlichen Geschlechts. Doch machen wir es uns zu einfach bzw. sind wir zu fantasielos, wenn wir glauben, dass Frauen für Taten im Bereich sexualisierte Gewalt zu »wenig aggressiv, zu feinfühlig, zu mütterlich oder körperlich nicht geeignet« seien. Ein beliebter Einwand lautet: Frauen können doch gar nicht penetrieren. Mit einem Penis nicht, das stimmt, aber es gibt noch andere Möglichkeiten der Penetration, etwa mit Gegenständen. Wenn wir von sexualisierter Gewalt sprechen, dann ist damit auch nicht immer ausschließlich Geschlechtsverkehr mit Penetration gemeint.

Auch streicheln, erogene Zonen berühren, sich erregen und befriedigen lassen und was sonst noch alles zur sexuellen Befriedigung beitragen mag gehört dazu. Es wäre sehr seltsam, wenn nicht auch Frauen die Möglichkeiten des Internets in ihrem Sinne nutzen würden. Dass wir diesen Gedanken weit von uns weisen, hängt zum einen damit zusammen, dass solche Vorstellungen unserem klassischen Frauenbild (siehe oben) nicht entsprechen. Das trauen wir den Frauen dann doch nicht zu. Zum anderen gibt es tatsächlich kaum Zahlen dazu. Im Jahr 2013 weist die polizeiliche Kriminalstatistik des BKA 13 729 Tatverdächtige in Fällen sexuellen Missbrauchs von Kindern auf. Darunter waren 516 Frauen, also ungefähr 3,8 Prozent. Ein sehr kleiner Anteil, aber ich bin überzeugt davon, dass das längst nicht alles ist.

Wie hoch der Anteil sexuell übergriffiger Frauen tatsächlich ist, ist letztlich auch nicht entscheidend. Ich weise deshalb mit Nachdruck auf Frauen als Täterinnen hin, um zu verhindern, dass Signale oder Andeutungen von Kindern, die in diese Richtung gehen, von vornherein als Hirngespinste oder gar Verleumdung abgetan werden. Eltern, Betreuungspersonen und sogar Fachkräfte tun sich schwer damit, Frauen als Täterinnen auch nur zu denken. Und weil sie es nicht denken können, neigen sie dazu, diese Möglichkeit vollkommen auszuschließen, auch wenn die realen Anzeichen dafür sprechen. Unsere Wahrnehmung hängt stark von dem ab, was wir grundsätzlich gedanklich und emotional zulassen. Insofern ist es sinnvoll und notwendig, den Gedanken, dass auch Frauen als Täterinnen infrage kommen, zuzulassen. Wie sollen sich Kinder, die von Frauen missbraucht wurden, sonst jemals trauen, darüber zu sprechen?

Kapitel 6
Psychologie der Opfer

In Kapitel 4 habe ich schon ausführlich beschrieben, wie Kinder und Jugendliche mit sexualisierter Gewalt im Netz in Berührung kommen. Hier noch einmal kurz die vier wesentlichen Bereiche:

1. Gezielte digitale Konfrontation von Kindern / Jugendlichen mit sexuellen (durchaus auch gewaltvollen) Inhalten.
2. Verbreitung von pornografischen Bildern und Filmen, in denen die Kinder und Jugendlichen selbst zu sehen sind (Sexting).
3. Cybergrooming: Erwachsene bzw. Jugendliche manipulieren Kinder / Jugendliche hin zu Cybersex bzw. sexuellem Missbrauch.
4. Verbreitung von Missbrauchsbildern und -filmen (genannt Kinderpornografie).

Wenn wir uns nun mit der Psyche der Opfer beschäftigen, gilt es auch, einen Blick auf das gesellschaftliche Umfeld zu werfen, in dem Kinder und Jugendliche heute aufwachsen. Wie sehr das Internet bzw. die digitalen Medien das Leben prägen habe ich schon in Kapitel 2 beschrieben. Ich möchte aber noch einmal auf einen sehr wichtigen Aspekt zu sprechen kommen, und das ist die allgegenwärtige Sexualisierung.

Sex, so weit das Auge reicht – Botschaften, die unsere Kinder prägen

In unserer Gesellschaft ist eine der wichtigsten Währungen der Sex-Appeal, sei es im Musikgeschäft, im Fernsehen, Werbung oder sonst wo. Die Parole »Sex sells« gilt mehr denn je zuvor und zwar auch für den privaten Bereich. Haben Sie schon einmal den Clip der Kosmetikfirma Dove angeschaut? Dove warnt vor der eigenen Branche mit dem Aufruf »Talk to your daughter before the beauty industry does« (»Sprechen Sie mit Ihrer Tochter, bevor es die Schönheitsindustrie tut«). Der Clip ist ein Feuerwerk von Ausschnitten aus Werbung, Talkshows, Selbstaussagen von kleinen Stars und sogenannten Expertenforen, in denen es nur um eins geht: sich schön zu machen, um sexy zu sein. Wirklich sehenswert! Es ist ein acht Jahre alter amerikanischer Clip, aber er gilt für heutige deutsche und europäische Verhältnisse genauso.

Lassen Sie sich die Werbung eines deutschen Chirurgen, der von den gängigen Frauenzeitschriften um seine Meinung gebeten wird, auf der Zunge zergehen: »Schönheitschirurgie ist für uns Wohlfühlchirurgie«. Wir leben in einer Zeit, in der es nicht dem Zeitgeist entspricht, zu altern. Angesagt ist vielmehr, sich öffentlich zurückzuentwickeln, jung und jünger zu werden. Unbewegliche, dafür aber faltenfreie Botoxgesichter sind die Vorbilder, mit denen Kinder und Jugendliche aufwachsen. Sie orientieren sich an einer Elterngeneration, die sich schwer damit tut, älter zu werden. Nabelfreie T-Shirts und deutlich sichtbare Stringtangas, die aus der Jeans ragen, sind auch bei über 35-Jährigen an der Tagesordnung. Verstehen Sie mich nicht falsch. Ich breche hier keine Lanze für eine neue Prüderie. Ich möchte nur einmal, auch durchaus deutlich, aufzeigen, in welchem Umfeld unsere Kinder aufwachsen und welche Rolle Sex dabei spielt.

Im Alltag werden Sex und Sex-Appeal vollkommen losgelöst von menschlichen Beziehungen präsentiert. Die Botschaft lautet: Du befindest dich auf dem Markt und die Währung lautet »Sex-Appeal«. Je eher du dich auf diesen Markt begibst und je mehr du von der Währung hast, umso besser für dich. Schon mit zehn, elf Jahren (manchmal sogar früher) fangen die Mädchen – zunehmend auch Jungen – an, sich »attraktiv« zu machen, sich herzurichten für das, was kommen soll.

Das Ziel dieses Tuns ist auf gewisse Art sehr viel unspezifischer geworden, als es früher war. Im 19. Jahrhundert, auch noch im 20. Jahrhundert, begab man sich in einer bestimmen Lebensphase auf den Heiratsmarkt, weil man den Mann / die Frau fürs Leben finden wollte. Heute befindet man sich per se auf dem Markt, tatsächlich oder scheinbar absichtslos. Wenn man sich auf Internetplattformen umschaut: Die Seiten sind voll von Fotos mit Mädchen (und Jungen) in lockenden, aufreizenden Posen. Es sind lauter Angebote mit der vermeintlichen Botschaft »Nimm mich!« Die Kommentare sind entsprechend: »Geil, deine Titten« zu einer 13-Jährigen, »Wahnsinn, deine Augen« zu einer stark geschminkten 15-Jährigen usw.

Wir sind eine in allen Bereichen stark visuell geprägte Gesellschaft, wir können uns seit dem ersten Irakkrieg Gefechte live ansehen, uns werden Bilder aus allen nur erdenklichen Lebenssituationen präsentiert. Die Grenzen zwischen privat und öffentlich sind verschwommen, teilweise lösen sie sich ganz auf. Meine Vermutung geht dahin, dass wir heute eine Verschiebung der Wahrnehmung erleben. Jung sein, knackig sein ist toll. Die Älteren streben nach Jugend, was umgekehrt gleichzeitig bedeutet, dass Jugendliche in Erwachsenenbilder gepresst werden. Die Vorbilder, an denen sie sich orientieren sollten, wollen aussehen wie sie, und all das geschieht – so scheint es manchmal – in der größtmöglichen Öffentlichkeit.

Bereits 2009 brachte es die Expertin Sharon Cooper auf den Punkt. »Mädchen, die durch die Gesellschaft hochgradig sexualisiert werden, fangen an, ihren Wert ausschließlich über ihre Sexualität oder ihren Sex-Appeal zu definieren«. Das bedeutet, sexy zu sein (nicht: Sex zu haben) ist ihnen wichtiger als akademische Abschlüsse, Sport oder Ähnliches. Ich finde das interessant: In einem Zeitalter, das öffentlich so sehr auf Individualität und Selbstverwirklichung setzt wie kein anderes zuvor, konzentriert sich ein großer Teil der Jugend darauf, stereotype körperliche Anforderungen zu erfüllen.

Wohlgemerkt: Es geht um Sex-Appeal, nicht um Sexualität. Doch dabei tritt nicht selten ein Problem auf: Sex-Appeal wird häufig als das A vor dem B bewertet. Als der Anfang einer Handlung, die aus mehreren Abschnitten besteht und die mit handfester Sexualität bzw. praktischem Sex endet. Kindern und Jugendlichen ist das nicht unbedingt klar. Sie erleben eine rundum sexualisierte Welt, aber normalerweise nur die Außenansicht. Dass nach diesem Auftakt noch etwas folgen soll oder folgen muss, ist ihnen nicht immer bewusst, auch wenn sie »aufgeklärt« sind. Man muss stets bedenken: Egal wie sehr sie das Erscheinungsbild von Erwachsenen nachahmen, wie sehr sie ihre sexuellen Reize betonen und anpreisen – sie überblicken in der Regel die Konsequenzen ihres Tuns nicht vollständig.

Je mehr sich die Aufmerksamkeit auf Sex und Sex-Appeal richtet, umso unpersönlicher wird Sexualität. Wenn sich die Kinder heute Pornos anschauen, dann ist es wie Leistungssport – einfach mal abspritzen, viele Positionen einnehmen, mit vielen Frauen und Männern gleichzeitig sexuell verkehren etc. Um Missverständnisse zu vermeiden: Auch früher war die Welt nicht von Waisenknaben und Jungfrauen bevölkert. Grenzen überschreiten und Sachen wagen, von denen die Eltern nichts wissen durften – das ist keine neue Erfindung und gehört seit jeher zur Pubertät. Das Sich-Ausprobieren ist richtig und notwendig. Allerdings herrschen heute Rahmenbedingungen vor, die schneller dazu führen können, dass solch eine »Testphase« entgleist. Sex gehört zum Konsum, wie alles andere auch, es ist verfügbar, warum also nicht zugreifen. Das ist das Problem, mit dem sich heutige Eltern konfrontiert sehen und das sich von den Schwierigkeiten, die frühere Pubertätsgenerationen aufwarfen, unterscheidet.

Bedeutet das, dass Eltern nichts anderes übrig bleibt, als eine restriktive Linie zu fahren, mit Computerverboten und Ähnlichem? Nicht unbedingt. Es heißt meiner Ansicht nach vor allem, eine sehr klare Linie hinsichtlich der Nutzung digitaler Medien zu verfolgen und außerdem sehr deutlich und dem Alter der Kinder angemessen aufklärerisch zu agieren. Das Einzige, was nützt, ist Prävention, das heißt, den Kindern muss klar sein, dass sich im Netz Menschen tummeln, die böse Ziele verfolgen und die sie nicht identifizieren können. Und dass alle Fotos und alle Videos, die vorhanden sind, prinzipiell auch anderswo auftauchen können. Aus Sicherheitsgründen sollten sie möglichst darauf verzichten, Fotos oder Filme von sich in Umlauf zu bringen, selbst die »harmlosen«. Dass alle Freundinnen und Freunde es machen, sollte kein Argument sein. Dennoch mutet es fast schon verrückt an, dass man Kinder und Jugendliche mühsam dazu anhalten soll, eben nichts von sich preiszugeben, während die Gesellschaft drum herum genau das Gegenteil feiert.

Ich weiß, dass es schwer ist, solche Gespräche zu führen und dass man von den Kindern für blöd und absolut spießig gehalten wird. Doch die Gefahr ist nicht gering zu schätzen. Früher hat man vielleicht einen Kick daraus bekommen, an einem halböffentlichen Ort Sex miteinander zu haben. Oder man hat Spiegel im Schlafzimmer aufgehängt, um die Sache noch etwas prickelnder zu machen. Heute finden sexuelle

Handlungen eben auch im Netz statt, das heißt, dass dies der totale Spiegel ist, durch den Millionen Zuschauer von außen blicken können. Und das kann dazu führen, dass aus dem durchaus verständlichen Wunsch, einen Kick zu erleben, für die Kinder und Jugendlichen ein handfestes Problem erwächst. Nämlich dann, wenn sie online sexualisierte Gewalt erfahren. Das kann auf unterschiedliche Weise geschehen.

1. **Konfrontation mit fremdem pornografischem Material:** Wenn Kinder versehentlich oder halbabsichtlich auf Pornografie stoßen, hängt es von den Umständen ab, wie sie darauf reagieren. Je nachdem wie die Bilder sind, können sie sie interessant oder eigenartig oder gar komisch finden. Sie können sich fragen, ob sie das später auch alles machen sollen und wie sich das wohl anfühlt. Nicht selten jedoch fühlen sie sich abgestoßen oder sind angeekelt, wenn Gewalt im Spiel ist oder besondere Sexualpraktiken gezeigt werden, zum Beispiel Fisting, Sado-Maso-, Peitschen- oder Würgespiele, Analverkehr etc. Denn vor allem Kinder sind in der Regel nicht in der Lage, solche Bilder einzuordnen. Auch wenn Studien, wie zum Beispiel der BZgA oder von Petra Grimm, besagen, dass Jugendliche Pornografie nicht mit ihrem eigenen Sexualleben gleichsetzen, wissen wir nicht, ob nicht doch ein gewisser Gewöhnungseffekt eintreten kann.

Eine Untersuchung von Carlos Foresta an der Universität Padua fand 2011 heraus, dass junge Männer, die exzessiv Pornografie konsumiert hatten, vermehrt unter sinkender Libido und Erektionsstörungen litten. Befragt wurden 28000 italienische Männer und es zeigte sich, dass ein erheblicher Teil nicht mehr in der Lage war, Sexualverkehr mit einer Partnerin oder einem Partner zu vollziehen. Sexuelle Erregung funktionierte nur beim Anschauen von Pornografie.

2. **Verbreitung von pornografischem Material, in dem die Jugendlichen selbst abgebildet sind, das sogenannte Sexting:** Immer häufiger kommt es vor, dass pornografische oder zumindest intime Bilder von Kindern und Jugendlichen in Umlauf geraten. Das geschieht zum Beispiel dann, wenn Beziehungen auseinanderbrechen und einer der Partner sich rächen will, sein verletztes Ego wieder aufrichten möchte. Es ist einfach, gemeinsam und in ehemals gutem Einverständnis hergestelltes Material ins Netz zu setzen. Erschwerend kommt hinzu, dass die Bilder schnell kopiert und weiterverbreitet werden können. Selbst wenn man den Urheber der Veröffentlichung dazu bekäme, sie aus dem Netz zu nehmen – sie verschwinden niemals ganz, jedenfalls kann man nicht sicher davon ausgehen.

Die Auswirkungen für den Jungen oder das Mädchen, dessen Bilder gegen seinen Willen veröffentlicht werden, sind enorm. Die öffentliche Zurschaustellung intimer Bilder ist eine dermaßen große Demütigung und die Peinlichkeit für den Betreffenden derart massiv, dass sich viele nur mit Mühe davon erholen. Depressionen gehören zu den häufigen Folgen solcher Erniedrigung. Auch die Lebensumstände müssen häufig geändert werden. Das betroffene Mädchen oder der betroffene Junge etwa muss/will die Schule verlassen, da die Konfrontation mit den Schulkollegen nicht auszuhalten ist. Mädchen und Jungen sehen häufig keine andere Möglichkeit als den totalen Rückzug, sie kapseln sich ab und verschließen sich gegen alle Kontakte. Die imaginierte und die tatsächliche Ausweglosigkeit der Situation stellt eine enorme Belastung dar. Denn die unumstößliche Regel lautet: einmal im Netz, immer im Netz.

3. **Kontaktanbahnung von Erwachsenen mit sexueller Absicht über Chatrooms, Foren etc.** Die digitalen Medien – insbesondere das Internet – haben Tätern und Täterinnen Möglichkeiten verschafft, die sie in solchem Umfang bisher nicht hatten. Kernelement ist der soziale Kontakt über das Netz, der ganz harmlos sein, aber schleichend auch zu sehr unangenehmen Erlebnissen für die Kinder und Jugendlichen führen kann. Das Einfallstor für möglicherweise schädigende Kontakte sind die sozialen Netzwerke wie auch Chatrooms, Online-Spiele oder Messenger-Dienste und das dort geforderte und geförderte Verhalten. Das Problem besteht darin, dass die Nutzung des Internets am heimischen Computer oder zum Beispiel in einem Café mit dem eigenen Smartphone ein trügerisches Sicherheitsgefühl vermittelt. Kinder, Jugendliche und nicht selten auch Erwachsene vergessen darüber, dass sie so wirklich mit der großen weiten Welt verbunden sind. Viele Nutzer glauben, sie könnten sich im Internet Dinge erlauben, die sie im direkten Kontakt mit anderen nicht wagen würden, beispielsweise Namen zu benutzen, die eindeutig sexuell aufgeladen sind.

Dass gerade in der Pubertät der Drang zum Ausprobieren sexueller Möglichkeiten groß ist, habe ich bereits in Kapitel 3 ausgeführt. Dass Kinder und Jugendliche zum Beispiel Bilder mit sexuellen Inhalten von sich in Umlauf bringen (Sexting), ist dennoch für Eltern oder Betreuer oft schwer zu glauben und natürlich fragen sie sich: Warum machen die so einen Blödsinn? Ja, warum? Weil sie es »geil« finden, weil sie es einfach mal ausprobieren wollen, weil sie glauben, dass man das heute so macht, usw. Weil sie es so von anderen kennen. Zum Beispiel von Paris Hilton, deren Sex-Videos vor einigen Jahren aus Versehen, wie es heißt, von ihrem Ex-Lover ins Netz gestellt wurden. Die Grenzen zur Selbstvermarktung von Paris Hilton sind unklar, auf jeden Fall fließend. In Talkshows und anderen Sendungen wird das Unterste zuoberst gekehrt und Intimität ist keine Kategorie, die respektiert wird, sondern deren Aufgeben Quote bringen soll. Ich verweise auch auf Keith Urban, den Musiker und Ehemann der Oscar-Preisträgerin Nicole Kidman, der in der Talkshow von Ellen DeGeneres im amerikanischen Fernsehen erklärt, wie Sexting ihre Ehe lebendig hält.

Warum fallen Kinder auf die Online-Anmache von Erwachsenen besonders leicht herein?

Wie schon mehrfach angesprochen: Es gibt kein festes Raster, kein Regelwerk, nachdem wir zweifelsfrei identifizieren können, wer ein potenzieller oder tatsächlicher Täter ist. Genauso wenig können wir sagen: Dieses Kind weist die Merkmale A bis F auf, es ist ein potenzielles Opfer. Wir können einige Umstände benennen, die die Wahrscheinlichkeit erhöhen, dass ein Kind für die sexuelle Anmache im Internet anfällig ist. Aber ob es tatsächlich dazu kommt und ob sich daraus wirklich eine gefährliche Beziehung für das Kind entwickelt, hängt von sehr vielen Umständen ab, auch von Zufällen wie zeitlichen Übereinstimmungen oder Stimmungslagen.

Grundsätzlich gilt: Kinder, die aufgrund schwieriger Umstände zu Hause labiler sind, die Probleme mit freundschaftlichen Kontakten haben, bei denen große Veränderungen wie zum Beispiel Umzüge in andere Städte oder sogar Länder stattgefunden haben oder die sich etwa ob ihrer sexuellen Orientierung verwirrt fühlen, sind per se gefährdeter als andere. Im Umkehrschluss heißt das aber nicht, dass solche Kinder notwendigerweise Opfer sexualisierter Gewalt werden müssen.

Zu berücksichtigen ist Folgendes:

1. **Die Kinder überschätzen häufig ihre Kenntnisse.** Sie sind zwar so gut aufgeklärt wie nie zuvor, über die tiefer gehenden Zusammenhänge wissen sie jedoch weniger gut Bescheid. In allen Facheinrichtungen, in denen ich mit Jugendgruppen gearbeitet habe, war es frappierend, welche Fragen kamen, sobald die Jugendlichen einmal Vertrauen gefasst hatten und nicht mehr unbedingt die aufgeklärten, »coolen Typen« darstellen mussten. Über Sexualpraktiken wussten sie Bescheid, doch jenseits der »technischen« Aufklärung war vieles unklar. Wie ist das mit dem ersten Mal, mit Gefühl, mit Beziehungen? Wenn ich meinen Freund liebe, muss ich dann mit ihm schlafen? Meine Freundin drängt mich zu bestimmten Praktiken, die mir aber nicht gefallen, wie sage ich ihr das? Solche und ähnliche Fragen zeigen, dass die Unsicherheit und die Schwierigkeit der Kinder, bestimmte Dinge einzuordnen, groß sind. Eigentlich keine überraschende Erkenntnis, wenn man sich überlegt, wie großartig und kompliziert Liebesbeziehungen nun einmal sind. Also verwechseln Sie die »technische« Aufgeklärtheit bitte nicht mit emotionaler Reife oder gar Abgebrühtheit.

2. **Die Täter gehen äußerst geschickt vor**, darüber habe ich in Kapitel 5 schon geschrieben. Sie vermitteln den Kindern das Gefühl: Hier ist jemand, der dich versteht, der dir zuhört, der für dich da ist. Was gerade zieht, ist sehr einfach herauszufinden, die Kinder und Jugendlichen schreiben ja sehr freizügig über das, was sie vermissen. Ein intelligenter Täter kann sich ohne großen Aufwand ein Profil zulegen, das ihm erlaubt, genau die Rolle einzunehmen, die gerade gewünscht wird. Das klappt natürlich auch deshalb gut, weil etwa die Pubertät von Verwirrung in Beziehungsdingen gekennzeichnet ist, weil sich alte Bindungen auflösen und die Jugendlichen oft den Eindruck haben, allein auf der Welt zu sein, dass weder Eltern

noch Geschwister sie verstehen, geschweige denn lieben. Und dann kommt jemand, der genau auf einen eingeht, der den richtigen Zugang findet. Für so jemanden ist man dann selbst auch bereit, etwas zu tun – und sei es, sich verbotenerweise mit ihm zu treffen oder Fotos zu schicken.

Maria H. ist ein klassisches Beispiel. Am 4. Mai 2013 verschwand die damals 13-Jährige aus Freiburg gemeinsam mit B. Haase, einem 53-Jährigen Mann aus NRW. Ein Jahr lang hatte B. Haase die Missbrauchsbeziehung online aufgebaut und gestaltet. Als Marias Mutter zu misstrauisch wurde, floh er mit dem Mädchen. Seitdem sind die beiden verschwunden. Vor der Zeit digitaler sozialer Netzwerke wären sie sich nie begegnet.

Anders als in direkten Kommunikationssituationen haben die Kinder und Jugendlichen keine Möglichkeit, andere Signale wahrzunehmen als die, die der Täter ihnen zukommen lässt. Smileys und andere Emoticons ersetzen wie schon beschrieben Mimik und Gestik. Die Intuition des Kindes oder Jugendlichen, die in der direkten Begegnung möglicherweise Warnsignale wahrnimmt oder zur Zurückhaltung führt, hat bei einer Online-Kommunikation keinen Anhaltspunkt für Aufdeckung von Gefahren. Und wenn, dann ist sie leicht zu verwirren. In einem Fall nahm ein vermeintlich 18-jähriger Rockstar Kontakt mit einer Zwölfjährigen auf. Sie chatteten, das Mädchen träumte von einem coolen Leben an seiner Seite. Trotzdem traute sie der ganzen Sache nicht so ganz und blieb zurückhaltend. Prompt meldete sich die vermeintlich 15-jährige Schwester des Rockstars bei ihr um für »ihren Bruder« zu werben. Das Mädchen ließ sich auf ein Treffen ein. Der 43-jährige Täter – der beide Profile erfunden hatte – missbrauchte sie schwer. Wie soll jemand ein so perfides Spiel durchschauen? Egal ob jugendlich oder erwachsen, darauf fällt man leicht herein.

3. **Die Täter wissen genau, wie die Gefühlswelt der Kinder und Jugendlichen zu manipulieren ist.** Nur ein Beispiel: In den USA ist ein Täter wegen Verbreitung pornografischen Materials verurteilt worden, der sich als 18-jährige, leukämiekranke Lesbierin ausgegeben und zahlreiche Mädchen dazu gebracht hatte, Fotos und Videos ihrer Genitalien zu schicken. Die vermeintlich Schwerkranke verstrickte mehrere Mädchen in eine romantische Beziehung und bat sie, entsprechende Fotos und Filme zuzusenden. Erstaunlich viele Mädchen schickten ihr Material, aus Mitleid, weil die Geschichte so traurig war und weil von so einer Person sicher keine Gefahr ausgehen konnte. Getragen von Mitgefühl und Verliebtheit, wurden alle rationalen Einwände fortgewischt. Ein Täter muss nicht unbedingt eine solch ausgefeilte Geschichte erfinden, es geht auch einfacher. Aber man sieht daran sehr gut, was alles über das Netz möglich ist und wie wenig dazu gehört, falsche Identitäten aufzubauen, die zum Ziel führen.

4. **Kinder sind in schwierigen Lebensumständen anfälliger für sexuelle Anmache.** Kinder und Jugendliche, die Außenseiter sind oder glauben, es zu sein, reagieren besonders leicht auf intelligent gestaltete Zuwendung. Sie fühlen sich endlich in ihrem wahren Wesen erkannt und bestätigt. Die psychische Erleichterung, die damit einhergeht, ist enorm und lässt sie vieles andere darum herum als nicht so wichtig abtun. Auch Kinder in Familien, in denen es Probleme gibt, sind anfälliger, zum Beispiel in Familien, in denen Gewalt und Vernachlässigung herrschen, aber auch, wenn die Eltern in Trennung leben oder es wirtschaftliche Schwierigkeiten gibt, etwa durch Arbeitslosigkeit eines Elternteils, oder wenn ein geliebter Großelternteil gestorben ist.

Umgekehrt kann man sagen, dass Kinder und Jugendliche, die in einem stabilen Umfeld leben, resistenter gegen sexuelle

Anmache sind. Natürlich existiert die ideale Familie nur in unseren Wunschträumen, es gibt in allen Haushalten phasenweise Probleme, Missverständnisse. Ärger. Doch unterscheiden sich Familien unter anderem darin, ob eine grundsätzliche Übereinstimmung herrscht und wie eng die Verbindung zwischen den einzelnen Familienmitgliedern ist. Wenn ein Kind in einem Umfeld aufgewachsen ist, das ihm prinzipiell Zuwendung zeigt und in dem es Ansprechpartner findet, in dem es sich aufgehoben fühlt, dann ist auch in schlechten Phasen die Chance größer, dass es nicht zu Katastrophen kommt.

Übrigens: Es gibt keine Hinweise darauf, dass Kinder aus bildungsfernen, ärmeren Schichten eher auf sexuelle Anmache im Internet hereinfallen als andere.

5. **Kinder müssen viel Kraft aufbringen, um zu widerstehen.** Kinder und Jugendliche, die konfliktfähig sind, schaffen es eher, sich aus einer bereits laufenden Manipulation zu befreien. Sie halten den Stress aus, sich »unbeliebt« zu machen, Nein zu sagen. Das ist eine große Leistung. Man muss nur bedenken, wie schwer es einem als Erwachsenem fällt, sich gegen Umarmungsstrategien aller Art zur Wehr zu setzen, gegen etwas zu entscheiden, das scheinbar unausweichlich ist, und die Furcht zu besiegen, dass man zu einem Außenseiter wird, wenn man nicht mitmacht. Kinder aus Familien, in denen klar definierte Werte kontinuierlich gelebt werden und in denen die Kinder erfahren haben, dass sie respektiert werden, sind generell eher in der Lage, selbstständig zu entscheiden und die unangenehm gewordene Beziehung zu beenden.

Dasselbe gilt auch vor allem dann, wenn ein Kind Opfer geworden und sehr verstört ist: Je stabiler das Umfeld ist und je eindeutiger es sich verhält, desto größer sind die Heilungschancen, umso besser kann die Verarbeitung gelingen und umso schneller kann das Kind verinnerlichen: Es war nicht meine Schuld. Für den Heilungsprozess ist das ein sehr wichtiger Faktor.

Wie reagieren die Kinder auf die Konfrontation mit sexuellem Material?

Die Kinder reagieren sehr unterschiedlich. Viele klicken pornografische Bilder oder Nachrichten einfach sofort weg und vergessen sie gleich wieder. Andere klicken sie weg, behalten sie aber noch für längere Zeit im Kopf und empfinden das Gesehene als unangenehm. Manche erleiden direkt im Moment des ersten Anblicks einen Schock, bei anderen entwickelt sich erst bei längerem Nachdenken ein unangenehmes Gefühl. Bei manchen beeinflussen diese Bilder und Filme die weitere sexuelle Entwicklung und ihre Vorstellung davon, was Sex ist und wie Sex vonstatten zu gehen habe.

Und natürlich gibt es auch viele Kinder und Jugendliche, die einfach nicht so recht wissen, was sie von sexualisierten Bildern und Nachrichten halten sollen. Auf der einen Seite sind sie neugierig, auf der anderen Seite beschleicht sie vielleicht ein mulmiges Gefühl. Wie ein Kind auf die Konfrontation mit pornografischem Material reagiert, hat sicher auch viel mit seiner sonstigen Lebenswelt zu tun.

Nicht alle Kinder sprechen nach einem verstörenden Online-Erlebnis mit jemandem darüber. Viele schämen sich, halten sich selbst für verantwortlich und schuldig und gehen davon aus, dass sie sowieso niemand wird verstehen können und sie nur Ärger bekommen. Andere versuchen, selbst eine Lösung dafür zu finden, zum Beispiel, indem sie den Absender einer solchen Nachricht blocken und die entsprechenden Nachrichten löschen. Auf der einen Seite gut, wenn das Kind eine eigene Strategie hat, damit umzugehen, auf der anderen Seite werden natürlich durch das Löschen von Nachrichten wichtige Beweismittel vernichtet. Sie sollten Ihr Kind also ausdrücklich dazu ermutigen, sich im Fall der Fälle an Sie oder eine andere erwachsene Vertrauensperson zu wenden.

Besonders schlimm sind die Folgen – wie auch beim Offline-Missbrauch – für diejenigen, die in eine intensive Beziehung mit dem Täter involviert sind. Dass das Vertrauen so fundamental missbraucht wurde, ist ein nur schwer zu verkraftender Schlag. Besonders bitter ist die Erkenntnis, dass es dem anderen immer nur um sich selbst ging und man von Anfang an für seine Interessen benutzt wurde.

Woran erkennt man, dass Kinder und Jugendliche möglicherweise Opfer sexualisierter Gewalt geworden sind?

Nur selten kommt es vor, dass sich die Betroffenen direkt an ihre Eltern wenden. Die Untersuchung von Catarina Katzer (2005) ergab, dass acht Prozent der Kinder, die verstörende Erlebnisse im Chat hatten, mit ihren Eltern darüber sprachen. Die Studie »EU Kids Online II« ermittelte, dass sich 53 Prozent derjenigen, die sich durch sexuelle Bilder im Internet unangenehm berührt fühlen, mit jemandem darüber sprachen. Für die meisten, nämlich 33 Prozent, war dieser Gesprächspartner ein Freund oder eine Freundin, nur 25 Prozent wandten sich an ihre Eltern. Das heißt, auch Eltern, die zu Recht davon ausgehen können, ein gutes Verhältnis zu ihren Kindern zu haben, werden nicht unbedingt ins Vertrauen gezogen. Deshalb sollten Sie auf bestimmte Anzeichen achten. Das können zum Beispiel sein:

- enorm ausgedehnte Zeiträume, in denen die Kinder und Jugendlichen »on« sind,
- totaler Rückzug aus allen sozialen Netzwerken,
- außergewöhnliche Verschlossenheit,
- außergewöhnliches Schutzbedürfnis,
- Schlafstörungen (Schlaflosigkeit oder enormes Schlafbedürfnis),
- plötzliche Leistungsschwäche in der Schule,
- unmotivierte Aggression,
- depressive Stimmungen,
- starke Stimmungsschwankungen.

Diese Liste ließe sich noch lange fortführen und soll nur Beispiele geben.

Bei allen genannten Symptomen kann es sich um plötzlich eintretende Veränderungen handeln, aber auch um schleichende Prozesse. Nur: Das Problem besteht darin, dass es keine ausschließlichen Anzeichen für die Erfahrung sexualisierter Gewalt sind. Es kommen auch andere Ursachen infrage, manche Symptome sind vielleicht nur die üblichen pubertären Ausreißer. Egal was Ihnen manche Ratgeber weismachen wollen: Es gibt kein eindeutiges Raster, mit dem Sie sicher feststellen könnten, was vorliegt.

Machen Sie sich keine Vorwürfe, wenn Sie unsicher sind oder etwas übersehen haben. Viele Eltern sind schockiert über sich selbst, wenn sie erfahren, dass ihr Kind schon über einen längeren Zeitraum Opfer von sexualisierter Gewalt war. Sie halten sich für Versager, weil sie nichts bemerkt haben. Seien Sie gnädig mit sich selbst. Die Dinge sind zu Beginn nur selten so eindeutig, wie es im Nachhinein scheint.

Noch einmal zurück zur relativ geringen Zahl von Kindern, die ihre Eltern informieren. Warum sprechen die meisten nicht darüber? Dafür gibt es mehrere Gründe.

- **Leugnen des Schrecklichen.** Die Psyche von sehr verstörten Kindern versucht, das Schreckliche auszublenden, weil die Verarbeitung ihre Kapazitäten übersteigen würde. Die Kinder kapseln das Geschehene sozusagen ein, ihre Psyche steckt es ganz nach unten, damit es sie nicht mehr belastet. Viele hoffen, dass mit dem Ausschalten des Computers auch das Geschehene »ausgeschaltet« werden kann. Das Sprechen darüber würde alles wieder präsent werden lassen. Es würde alles ganz real machen und die Schutzfunktion des Verleugnens aufheben.

- **Schuldgefühle.** Die Kinder fühlen sich verantwortlich für das, was passiert ist. Zumal sie sich bei der Anmache über das Internet nicht darauf berufen können, »so richtig« zu Handlungen gezwungen worden zu sein. Es ist ja tatsächlich so, dass sie selbst immer wieder Kontakt gesucht haben. Dass sie sehr geschickt manipuliert worden sind, durchschauen sie nicht. Sie schämen sich extrem und weisen sich die Schuld an dem Geschehenen zu. Deshalb besteht eine hohe Hemmschwelle, sich den Eltern oder auch anderen Vertrauenspersonen gegenüber zu öffnen.

- **Scham.** Auch wenn die Kinder, wie oben schon erwähnt, cool tun: Sie haben starke Schamgefühle, wenn es darum geht, über sexuelle Dinge zu sprechen. Das ist noch mehr der Fall, wenn es sich um eine »missglückte«, verbotene Beziehung handelt, die von den Eltern mit Sicherheit kritisiert würde. Die Kinder gehen – in den meisten Fällen nicht ganz ohne Grund – davon aus, dass ihre Eltern die Sache auf keinen Fall verstehen können. Und selbst wenn Sie verständnisvoll auftreten: Das Kind schämt sich trotzdem. Das ist ein genereller Aspekt bei allen Arten sexueller Verbrechen: Das Opfer bleibt von seiner Scham überwältigt.

Für Eltern bedeutet die Entdeckung, dass ihr Kind Opfer sexualisierter Gewalt geworden ist, dass es vielleicht pornografische Bilder von sich verschickt hat, während man in der Firma war oder etwa der Rest der Familie im Wohnzimmer saß und Fußball schaute, einen großen Schock. Es erschüttert die Grundfesten des familiären Selbstbilds. Warum es für das Umfeld häufig so schwer ist, etwas zu bemerken, und wie man mit Vermutungen dieser Art oder auch mit der Gewissheit, dass es passiert ist, fertig wird, lesen Sie im folgenden Kapitel.

Kapitel 7
Psychologie des Umfelds

Von sexuellen Übergriffen oder sexuellem Missbrauch betroffenen Kindern und Jugendlichen fällt es häufig enorm schwer, sich ihren Eltern mitzuteilen. Einfach weil es so schwer ist, das »Unaussprechliche«, das, was man nie erleben wollte, für das man keine Worte findet, zu erzählen. Und gleichzeitig zu wissen, welchen Schmerz man Eltern damit zufügt. Also lieber schweigen. Die meisten Eltern haben sicher den Eindruck, dass sie ein im Großen und Ganzen gutes Verhältnis zu ihren Kindern haben, trotz gelegentlicher Auseinandersetzungen und sogar trotz der »Dauerkrise Pubertät«. Sie können sicherlich zu Recht davon ausgehen, dass sie den Kindern ein Umfeld bieten, in dem sie Vertrauen haben können. Dennoch ist es gut möglich, dass Ihr Kind Ihnen nicht erzählt, wenn es sexualisierte Gewalt im Internet erlebt hat oder wegen Sexting, also selbst hergestellter pornografischer Bilder, in Schwierigkeiten geraten ist.

Es gilt also, besonders sorgsam auf Zeichen der Veränderung im Verhalten zu achten. Das Problem: Es gibt wie schon mehrfach beschrieben keine eindeutigen Zeichen, die auf das Erleben sexualisierter Gewalt schließen lassen. Die Kinder reagieren sehr unterschiedlich und »Symptome« können immer auch andere Ursachen haben. Gerade die Pubertät ist ja geprägt von Veränderungen in jeder Hinsicht. Außerdem treten solche Anzeichen nicht unbedingt plötzlich auf, vielmehr handelt es sich häufig um einen schleichenden Prozess, der sich über Wochen oder sogar Monate hinzieht. Auch für aufmerksame Eltern ist es daher oft schwierig festzustellen, dass etwas nicht in Ordnung ist. Der Alltag einer Familie besteht aus so vielen Ereignissen, dass manche Dinge einfach untergehen oder von anderen, großen Problemen verdeckt werden.

Viele Eltern machen sich Vorwürfe, sie geißeln sich geradezu, wenn sich herausstellt, dass ihr Kind schon seit Längerem Kontakt mit einem Täter hatte oder darunter leidet, dass persönliches pornografisches Material im Umlauf ist. Sie erschrecken, wenn sie feststellen müssen: Meine Güte, das Kind saß doch früher dauernd vor dem Rechner, dann war der Computer über Wochen nicht eingeschaltet – warum habe ich das nicht bemerkt? Oder umgekehrt: Warum habe ich mir nichts dabei gedacht, als das Kind vom Rechner oder Smartphone gar nicht mehr wegzubekommen war? Vielleicht hatten sie sogar unterschwellig das Gefühl, dass irgendetwas nicht stimmt, konnten es aber nicht greifen. Möglicherweise haben sie sogar versucht, darüber zu sprechen, sind von ihrem Sohn oder ihrer Tochter aber so energisch abgewimmelt worden, dass sie davon abließen. Ich meine, dass Eltern in solchen Fällen gnädig mit sich und ihren Kindern umgehen sollten. Es bringt nichts, sich selbst zu zerfleischen, und man kann gerade bei Heranwachsenden nicht ständig alles kontrollieren.

Damit kein Missverständnis entsteht: Ich möchte hier nicht einem Laisser-faire Vorschub leisten oder ausdrücken, dass es egal ist, was Eltern tun. Ich möchte aber deutlich machen, dass die Angelegenheit schwierig ist und sich nicht in ein Schema pressen lässt. Häufig findet man in Ratgebern eine relativ mechanisch aufgezogene Symptom-Ursache-Liste. Wenn Sie Symptom XY beobachten, handelt es sich um die Ursache Z. Das trifft in der Realität nur sehr selten, wenn überhaupt je zu. Die Psyche ist so komplex, dass es zahllose Ausdrucksformen gibt und jedes Individuum seine eigene findet.

Wie sollten sich Eltern verhalten?

Grundsätzlich gibt es zwei Möglichkeiten, wie Sie auf den Tatbestand der sexualisierten Gewalt an Ihrem Kind stoßen: zufällig oder gezielt, weil Sie Verdacht geschöpft haben. Der Schock wird in beiden Fällen enorm sein, auch wenn Sie etwas vermutet und sich daher mit dem Gedanken schon einmal beschäftigt haben. Der tatsächliche Anblick von sexualisierten Bildern und die Bestätigung Ihres Verdachts stellen auch für Sie eine massive seelische Verletzung dar. Es ist sinnvoll, sich fachliche Unterstützung zu suchen, die Ihnen dabei hilft, mit Ihren vielfältigen Gefühlen umzugehen, und die Sie auch im Umgang mit Ihrem Kind begleitet.

Gelegentlich bekomme ich Anrufe von Eltern, die um Rat bitten. Sie haben beispielsweise im Tagebuch oder im Rechner ihrer Tochter oder ihres Sohnes »geschnüffelt« und sind darauf gestoßen, dass ihr Kind in einer unguten Online-Beziehung steckt, pornografische Bilder besitzt oder Opfer von Cyberbullying mittels sexualisierten Materials ist. Was sollen sie jetzt machen?

Wie immer hängt alles vom Einzelfall ab, es gibt aber einige nützliche allgemeine Regeln, an die Sie sich halten können und die helfen, die Situation zu bewältigen. Ziel ist in jedem Fall, miteinander ins Gespräch zu kommen.

1. **Seien Sie offen.** Bringen Sie Ihre Sorgen und auch Ihr Handeln offen zum Ausdruck. Verschweigen Sie nicht, wenn Sie zum Beispiel Mails oder Chatverläufe oder das Tagebuch hinter dem Rücken Ihres Kindes gelesen haben, auch wenn Ihr Sohn oder Ihre Tochter aller Wahrscheinlichkeit darüber zunächst wütend sein wird. Früher oder später kommt es ohnehin heraus und dann ist die Wut vielleicht noch viel größer. Erklären Sie Ihrem Kind Ihre Sorge und entschuldigen

Sie sich für die »Schnüffelei«. Gut ist es, wenn es Ihnen gelingt, die Empörung Ihres Kindes nicht zu bagatellisieren – »jetzt reg dich doch nicht so auf« – oder gar durch Vorwürfe Ihrerseits zu entkräften – »wenn du mir nur davon erzählt hättest, dann hätte ich nicht hinter dir herspionieren müssen«. Dadurch verhärten sich nur die Fronten. Gestehen Sie Ihrem Sohn oder Ihrer Tochter seine bzw. ihre Wut zu und bleiben Sie gleichzeitig liebevoll am Ball, um zum eigentlichen Kern zu gelangen.

2. **Stehen Sie an der Seite Ihres Kindes.** Betroffene Kinder schämen sich, fühlen sich schuldig und fürchten, abgelehnt zu werden. Jede unbedachte oder nicht ganz eindeutig unterstützende Äußerung seitens der Eltern kann dieses Schuld- und Schamgefühl verstärken. Umso wichtiger ist, dass es Ihnen gelingt, Ihren eigenen Schock zurückzustellen und Ihrem Kind zu vermitteln, dass Sie an seiner Seite stehen. Das ist eine große Herausforderung, vor allem wenn Sie zufällig auf das Material gestoßen sind und sich auf die Situation nicht vorbereiten konnten. Der Schock ist sehr groß. Es fällt vielen Eltern schwer genug, sich ihr heranwachsendes Kind als sexuelles Wesen vorzustellen. Dass ihr Kind Opfer sexualisierter Gewalt wurde oder selbst aktiv wurde und sexualisierte Bilder in Umlauf brachte, ist eine erschütternde Entdeckung für sie. In dieser Situation ist es schwierig für Eltern, gefasst zu reagieren. Doch gerade liebevolle, mitfühlende Gelassenheit vermittelt Sicherheit, während zum Beispiel ein erschrecktes »O Gott« auf das Kind häufig wie ein Vorwurf wirkt, auch wenn es gar nicht so gemeint ist.

3. **Lassen Sie Ihrem Kind Zeit.** Haben Sie also Verständnis dafür, wenn sich Ihr Kind nicht sofort öffnen kann. Vielleicht trägt es schon lange schwer an seiner Last und hat viel Energie

aufgewendet, die Sache geheim zu halten. Auch wenn sich Ihnen verständlicherweise viele Fragen aufdrängen, auf die Sie am liebsten sofort eine Antwort hätten, kann es sein, dass Ihr Kind nicht sofort umschalten und erzählen kann. Auch hier gilt: In der Ruhe liegt die Kraft. Geben Sie Ihrem Kind Raum und geben Sie auch sich Zeit, mit der Situation umzugehen.

Es ist sehr gut möglich, dass Ihr Kind nicht weiß, wie es die Situation, in die es geraten ist, erklären soll. Dazu kommt oft das Problem, dass sich die Eltern nicht immer mit den technischen und kommunikativen Möglichkeiten im Netz auskennen. Es kann also bereits auf dieser Ebene ein ganz »simples« Verständigungsproblem geben, das für Ihre Tochter oder Ihren Sohn schier unlösbar erscheint.

Es kommt natürlich auch vor, dass die Kinder wie erlöst sind, wenn sie endlich frei sprechen können, und sich ein Sturzbach an Mitteilungen ergießt. Dann kann es wichtig sein, klare Räume zu schaffen, in denen Zeit und Muße sind, über die Erlebnisse zu sprechen und so auch Räume zu schaffen, in die der Alltag wieder einkehren kann.

4. **Versuchen Sie, gelassen zu sein.** Vermeiden Sie extreme Reaktionen. Ich weiß, das mag schwer, nahezu unmöglich erscheinen. Sie werden mit einer extremen Situation konfrontiert und erleben das Geschehen als absolut außerhalb der Norm liegend. Sie sind emotional erheblich involviert, wie sollten Sie da nicht extrem reagieren? Versuchen Sie trotzdem, so gelassen wie möglich zu bleiben. Stellen Sie keine Fragen nach der Art: Kannst du mir das mal erklären? Wie konnte das passieren? Was hast du dir bloß dabei gedacht? Weiß sonst noch jemand davon? Eine Möglichkeit besteht darin, erst einmal die Fakten zu klären, so sachlich wie irgend möglich. Wie viele Bilder sind es? Wie wurden sie übermittelt, über das

Handy oder übers Netz? Es kann aber sein, dass Ihrem Sohn oder Ihrer Tochter auch das schon zu viel ist, dass die Schamgefühle zu groß sind, um selbst solche Fakten zu benennen.

5. **Schützen Sie Ihr Kind.** Gestehen Sie dem Kind seine Gefühle zu. Aber seien Sie nicht zu nachgiebig. Lassen Sie sich auf keine Verhandlungen ein über das, was passiert ist. Lassen Sie sich nicht das Heft aus der Hand nehmen und sich in die Ecke drängen, etwa von Äußerungen, dass Sie nichts von Sex verstünden oder sowieso immer alles verbieten würden. Betroffene Kinder erleben nicht selten starke Stimmungsschwankungen und haben eine Menge zu bewältigen. Das stresst. Seien Sie also darauf gefasst, dass sich Ihre Tochter oder Ihr Sohn auch ekelhaft verhält. Betroffene Kinder sind nicht immer unbedingt kleine Engelchen. Jetzt ist von den Erwachsenen das besonders gefragt, was den erzieherischen Alltag insgesamt prägen sollte: einerseits liebevoll und fürsorglich sein, andererseits klare Grenzen setzen. Das ist ohnehin eine tägliche Herausforderung – in einer Situation, in der Sie emotional so angegriffen sind, wird diese Herausforderung aber sicher noch schwerer zu bewältigen. Versuchen Sie es trotzdem.

6. **Tragen Sie nicht alles allein.** Es ist gut, wenn es Ihnen gelingt, eine Beratungsstelle zu kontaktieren oder einen Experten zu fragen. Eine Fachkraft mit Erfahrung auf diesem Gebiet, die neutral ist, trägt viel dazu bei, das Chaos zu ordnen und Aggressionen abzulenken bzw. gar nicht erst entstehen zu lassen. Meiner Erfahrung nach fällt vielen Eltern dieser Schritt immer noch schwer. Auch sie schämen sich, fühlen sich schuldig und viele haben das Gefühl, versagt zu haben. Auch sie haben Angst vor Vorwürfen, zum Beispiel, dass sie ihren Erziehungsauftrag nicht ernst genommen und das Kind im Stich

gelassen oder sich nicht genug für ihr Kind interessiert und es nicht richtig aufgeklärt haben. Gerade dann ist Unterstützung so hilfreich und notwendig. Sie hilft Ihnen dabei, sich zu sortieren und Kraft zu schöpfen, um die Situation zu bewältigen.

Wenn es einen engen Vertrauten des Kindes im familiären Umkreis gibt, den man hinzuziehen kann, dann sollten Sie das tun. Das kann der Pate, ein Onkel oder eine Tante oder ein Großelternteil sein. Manchmal ist die Hemmschwelle niedriger als gegenüber einem Fremden und das Kind öffnet sich leichter. Das sollten Sie aber auf jeden Fall mit Ihrer Tochter oder Ihrem Sohn besprechen.

Reaktionen in der Familie

Die Entdeckung, dass ein Kind das Opfer sexualisierter Gewalt geworden ist, wirbelt eine Familie gehörig durcheinander. Jede Krise, erst recht eine dieser Art, verstärkt die Dynamik und die Spannungen, die sowieso in der Familie herrschen. Es kann sein, dass der eine Elternteil dem anderen heftige Vorwürfe macht: Wieso hast du das nicht mitbekommen? Oder: X-mal habe ich dich gebeten, mit ihm die Sache mit den Online-Spielen zu klären, aber du hattest ja nie Zeit. Oder: Ich war immer dagegen, dass sie so früh ein internetfähiges Smartphone bekommt, aber du hast ja immer abgewiegelt.

Sicher sind solche Reaktionen verständlich. Die meisten Menschen suchen in ihrer Hilflosigkeit nach einem Grund, einem Schuldigen. Aber man sollte energisch versuchen, sich möglichst schnell aus dieser Phase zu befreien. Die psychischen Belastungen sind so stark, dass man sich nicht mit nachträglichen Schuldzuweisungen aufhalten sollte. Im Allgemeinen ist es von Vorteil, wenn die »Last« auf mehrere erwachsene Schultern verteilt wird.

Oft habe ich beobachtet, dass Mütter und Väter unterschiedlich reagieren, geradezu geschlechtertypisch. Die Mütter sind am Anfang sehr aufgewühlt, sie sprechen viel darüber, weinen, sind kurz vor dem Zusammenbruch, manchmal brechen sie tatsächlich zusammen. Die Väter sind eher um Fassung bemüht, sie unterdrücken ihre Wut und Trauer und versuchen, die Zügel auf eine sachliche Art in der Hand zu behalten.

Wenn die unmittelbare Anfangsphase der Entdeckung vorbei ist, wendet sich das Bild. Die Mütter haben ihrer inneren Not Ausdruck verliehen, sie können sich dann der Zukunft bzw. dem unmittelbar Notwendigen widmen und organisieren das, was als Nächstes zu tun ist. Für die Väter hingegen wird es oft schwierig, weil sie ihre Emotionen nicht so gut zur Sprache bringen können. Sie drohen an ihren Gefühlen zu ersticken. Es klingt wie eine stereotype Vorstellung von weiblichem und männlichem Verhalten, meiner Erfahrung nach ist es aber meistens tatsächlich so.

Besonders schwierig wird es für alleinerziehende Eltern, vor allem wenn der andere Elternteil nicht greifbar oder das Verhältnis zu ihm gestört ist. Das verschärft die Selbstvorwürfe bzw. Vorwürfe. In der Regel muss der andere Elternteil informiert werden. Wenn es die Situation zwischen den leiblichen Eltern erlaubt, ist es meistens von Vorteil, wenn sich beide Eltern für das Gespräch mit dem Kind zusammentun können.

In Patchworkfamilien ist die Dynamik noch einmal anders. Manchmal ist der nicht leibliche Elternteil eine Art externer Vertrauter des Kindes, das erleichtert das Gespräch. Häufig ist es aber so, dass die neuen Partner in einer gewissen Konkurrenz zu den Vorgängern stehen und es zu Konflikten kommt, was das richtige Vorgehen sei, wer »schuld« ist usw. Das lässt sich nur schwer vermeiden, Sie sollten es daher in Ihre Überlegungen einbeziehen, wenn Sie sich auf ein Gespräch mit dem Kind vorbereiten.

Die Macht der Bilder und Wörter

Ob Sie zufällig oder durch gezieltes Suchen auf pornografische Bilder stoßen: Es kann für Sie sehr belastend werden, was Sie da zu sehen bekommen. Machen Sie sich darauf gefasst, dass Sie diese Bilder für lange Zeit nicht mehr loswerden. Sie werden sie für pervers, ekelhaft, widernatürlich halten. Das ist schon schlimm genug beim Anblick fremden pornografischen Materials. Noch schlimmer ist es, wenn Sie Ihre Tochter oder Ihren Sohn in sexualisierten Posen zu sehen bekommen, die Sie nie mit ihnen in Verbindung gebracht haben, die Sie sich vielleicht nicht einmal bei Erwachsenen vorstellen können.

Diese Bilder werden möglicherweise lange Zeit in Ihrem Kopf herumspuken, sie werden das Verhältnis zu Ihrem Kind belasten und es Ihnen schwer machen, es als das Kind zu sehen, das es bisher in Ihren Augen war. Ebenso können eindeutige SMS-Botschaften, Mails oder sonstige verbale Äußerungen wirken. Auch wenn Sie davon ausgehen können, dass das Kind dazu verführt oder vielleicht sogar gezwungen wurde und dass es in keinem Fall die Konsequenzen seiner Handlungen überblicken konnte: Sie werden ihm vielleicht unbewusst die Schuld dafür zuweisen. Sie werden vielleicht die Vorstellung nicht los, wie Ihr Kind Sex hat. Wahrscheinlich sorgen Sie sich auch, wer Ihr Kind schon alles »so« im Internet gesehen haben und was sie jetzt wohl von Ihnen als Eltern denken. »Und all das hat mein Sohn / meine Tochter mit seinem/ihrem Verhalten ausgelöst«. Auch für Eltern oder erwachsene Bezugspersonen ist es in aller Regel schwer, wirklich zu verinnerlichen, wie manipulativ, strategisch und geschickt Täter und Täterinnen vorgehen. Gleichzeitig ist die Ohnmacht, die das bedeutet, kaum auszuhalten. Was liegt also näher, als sich selbst oder dem Kind die Schuld zu geben? Damit reden wir uns in vielen Fällen im Nachhinein ein, wir hätten es verändern können, und das Gefühl der Ohnmacht schwindet. Paradox, wie die Psyche oder Seele eben ist – und gar nicht hilfreich, denn damit beginnt die Zerfleischung Ihrer selbst und Ihres Kindes. Bitte führen Sie sich und Ihrem Kind immer wieder vor Augen: Die Verantwortung trägt immer der Täter!

Sie sollten all das gedanklich einbeziehen, wenn Sie Ihre Tochter oder Ihren Sohn dazu auffordern, Ihnen das Material zu zeigen, das sie oder er hergestellt oder empfangen hat. Gerade deshalb ist es nützlich, wenn Sie professionelle Unterstützung in Anspruch nehmen können. Sie können diese Hilfe sicher gut gebrauchen.

Reaktionen der Kinder

Stellen Sie sich auf alle möglichen Reaktionen ein, auch auf solche, die Ihnen absurd oder äußerst befremdlich erscheinen. Nicht alle Kinder reagieren erleichtert. Die Palette der Verhaltensweisen ist groß. Im Wesentlichen gibt es acht typische Reaktionsweisen, die ich im Folgenden aufführe. Verstehen Sie die aber bitte nur als Anhaltspunkte, es gibt alle möglichen Überschneidungen und man kann nie vorhersehen, was geschieht. Es hängt von sehr vielen Umständen ab, wie Ihr Kind reagiert.

1. **Das Mädchen oder der Junge fühlt sich ertappt.** Bedenken Sie, dass betroffene Kinder viel Energie darauf verwandt haben, die schrecklichen Geheimnisse zu verbergen. Sie fühlen sich bloßgestellt. Vielleicht reagiert Ihre Tochter oder Ihr

Sohn aggressiv, schimpft und schreit, dass man im intimsten Privatleben herumwühle oder sich darin einmischen wolle. Oder das Kind erstarrt in Schock, zieht sich zurück und wird unnahbar.

Bewahren Sie Fassung und lassen Sie sich von dem für Sie unerwarteten Verhalten nicht aus dem Konzept bringen. In der Regel kommt man nach einer Weile in das Stadium, in dem man in gewisser Ruhe tatsächlich die nächsten Schritte besprechen kann.

2. **Das Kind ist erleichtert.** In diesem Fall gilt es dennoch darauf zu achten, dass man die mit der Erleichterung einhergehende mögliche Mitteilsamkeit nicht schon für ein Zeichen von weitgehender Verarbeitung hält. Auch dieses Kind, das mehr oder weniger freimütig über das Geschehene spricht, ist sehr schutzbedürftig.

3. **Das Kind schämt sich enorm.** Es wird Ihren Versuch, ein Gespräch über den Missbrauch zu führen, als zusätzliche Demütigung empfinden und sich vielleicht dagegen wehren. Lassen Sie ihm Zeit und vermitteln Sie Ihrem Sohn oder Ihrer Tochter, dass Sie bedingungslos an seiner bzw. ihrer Seite stehen und dass die Schuld und Verantwortung beim Täter liegen. Vielleicht kann man so ein Gespräch dann auch erst einmal vertagen.

4. **Das Kind gibt sich vollkommen cool.** Es spaltet das Geschehene erst einmal ab und tut, als wäre alles kein Problem: »Was regst du dich auf, ist doch nichts dabei«. Lassen Sie sich nicht täuschen. Bleiben Sie dran, ohne Ihr Kind zu bedrängen. Geben Sie zu verstehen, dass Ihnen am Gespräch gelegen ist. Sollte ein Gespräch überhaupt nicht möglich sein, suchen Sie bitte professionelle Unterstützung. Häufig ist der

Blick von außen ein guter Türöffner. Außerdem fällt es uns allen oft leichter, uns einer »fremden« Person mitzuteilen, mit der wir den Alltag nicht zu bewältigen haben. Lassen Sie sich bei diesem Bestreben bitte auch nicht von Äußerungen Ihres Kindes wie »ich geh doch nicht zu Psychologen, ich bin doch nicht bekloppt« abhalten. Gute Beraterinnen und Berater bzw. Therapeuten und Therapeutinnen haben noch einmal andere Möglichkeiten, mit Kindern und Jugendlichen ins Gespräch zu kommen. All das braucht Zeit und ist nicht übers Knie zu brechen. Auch wenn Sie das Gefühl haben, es kaum noch auszuhalten: Bleiben Sie geduldig.

5. **Die Kinder sorgen sich um ihre Eltern.** Das hängt mit der sonstigen Familiensituation zusammen. Kinder und Jugendliche wissen, dass das, was ihnen widerfahren ist, auch ihre Familienmitglieder sehr belasten wird, und das wollen sie tunlichst vermeiden. Also stellen sie ihre eigenen Bedürfnisse zurück, auch in diesem Fall. Wahrscheinlich reden sie gar nicht so sehr viel über die Sache selbst, sondern versuchen abzuwiegeln, um den Eltern den Schmerz zu ersparen. Das entspricht zwar dem tatsächlichen Bedürfnis des Mädchens oder Jungen nicht unbedingt, dennoch besteht die Gefahr, dass Sie möglicherweise davon getäuscht werden und annehmen, Ihr Kind habe das alles schon ganz gut verkraftet. Versuchen Sie also immer wieder zu rekapitulieren, was Ihr Sohn oder Ihre Tochter wirklich gesagt hat, und ob er oder sie tatsächlich über seine/ihre Gefühle gesprochen hat.

6. **Das Kind schweigt eisern.** Auch hier bedarf es Fingerspitzengefühls. Bedrängen Sie das Kind zu sehr, dann wird es sich noch mehr zurückziehen. Lassen Sie die Angelegenheit auf sich beruhen, signalisieren Sie Ihrem Kind möglicherweise, Sie nähmen die Sache nicht ernst, auch wenn genau das

Gegenteil der Fall ist. Wenn Sie gar nicht an das Kind herankommen, sollten Sie fachliche Hilfe in Anspruch nehmen. Das Kind öffnet sich möglicherweise einem Fremden eher als Ihnen.

7. **Das Kind leugnet, dass es auf den Bildern oder in den Filmen zu sehen ist.** Das ist kein bewusstes Täuschungsmanöver, sondern ein Versuch der Abspaltung des Geschehenen im Sinne von: »Das ist mir ja gar nicht passiert«. Das Kind schämt sich unendlich, ist überwältigt und zieht sich darauf zurück, dass das alles gar nicht real ist. Es streitet ab, dass es selbst auf den Bildern zu sehen ist, wird behaupten, dass es sich um Fotomontagen handelt oder Ähnliches. Selbst eindeutige Zeichen wie Muttermale oder Narben können nicht als Beweis akzeptiert werden.

Wenn Sie die Bilder oder Filme gesehen haben sollten, sagen Sie das genau so. Tun Sie bitte nicht so, als wüssten Sie nicht, was auf den Bildern zu sehen ist. Und geben Sie Ihrer Tochter oder Ihrem Sohn zu verstehen, dass Sie sie oder ihn nicht verurteilen oder weniger lieben oder gar verabscheuen. Denn das ist die große Sorge. Viele betroffene Mädchen und Jungen sind der festen Überzeugung, alle würden sich angeekelt von ihnen abwenden, wenn sie die Bilder oder Filme zu Gesicht bekommen.

8. **Das Kind verteidigt »seine Liebe«.** Das ist für Eltern das Schwierigste. Es fällt ihnen schwer, nachzuvollziehen, dass ihr Kind überhaupt von Liebe spricht. Jeder Einwand, dass es sich wohl um etwas anderes handeln müsse etwa bei der Beziehung zwischen einer 13-Jährigen und einem 45-Jährigen, wird weggewischt: »Das versteht ihr nicht – er hat sowieso schon immer gesagt, dass ihr unsere Liebe nicht begreifen könnt«. Sie werden sich im Kreis drehen, weil alles, was Sie vorbringen, als

Bestätigung dafür genommen wird, dass Sie »überhaupt nichts kapieren!«. Gestehen Sie Ihrer Tochter oder Ihrem Sohn die Gefühle zu und bleiben Sie dennoch klar bei Ihrer Haltung und Bewertung. Die geschickte Manipulation des Täters, gepaart mit den Sehnsüchten und Fantasien Ihres Kindes, sind nur schwer zu durchbrechen. Sie sollten auf jeden Fall fachliche Hilfe in Anspruch nehmen, denn es ist sehr schwierig, allein mit dieser Situation zurechtzukommen und die Verbindung aufzulösen.

Wie bezieht man die Geschwister ein?

Ich habe bis jetzt in diesem Kapitel vor allem über die Beziehung zwischen Eltern und betroffenem Kind gesprochen, weil sie zunächst die Hauptakteure bei der Bewältigung von Folgen sexualisierter Gewalt sind. Es gibt aber häufig noch andere Beteiligte, etwa Geschwister. Natürlich fragen Sie sich, inwieweit die anderen Familienmitglieder einbezogen werden sollen. Innerhalb der Familie wird schnell klar sein, dass etwas Bedrückendes passiert ist. Gut wäre es, wenn es Ihnen gelingt, die Geschwister in Absprache mit dem betroffenen Kind ruhig, gelassen, offen und altersentsprechend zu informieren und auf dem Laufenden zu halten. All das muss nicht sofort geschehen. Versuchen Sie also erst einmal, selbst mit den Gegebenheiten zurechtzukommen und einen Standpunkt zu gewinnen. Machen Sie aber auch kein Riesengeheimnis aus der Sache. Häufig wissen Geschwister sowieso schon irgendwie Bescheid, eher als die Eltern. Und selbst wenn nicht, bekommen sie eben rasch mit, dass es ein großes Problem gibt, die Stimmung gedrückt ist.

Man muss im Einzelfall versuchen herauszufinden, welches Bedürfnis die Geschwister haben: Möchten sie mehr wissen?

Wollen sie herausfinden, was genau passiert ist? Finden sie das ganze Thema eher blöd und insgesamt eher uninteressant? Und vor allem gilt, all diese Bedürfnisse wiederum gegen die des betroffenen Kindes abzuwägen. Im Rahmen einer fachlichen Betreuung kann das alles angesprochen und entsprechend individuell gehandelt werden.

Eltern haben oft den durchaus verständlichen Wunsch, das Geschehene als warnendes Beispiel für die Geschwister des Opfers darzustellen, in dem Sinne: Wie schrecklich, jetzt ist es schon einem Kind passiert, da müssen wir alles daran setzen, dass es den anderen nicht auch geschieht. Selbst wenn dieser Gedanke nachvollziehbar ist: Tun Sie es nicht! Das betroffene Kind wird Sie und vor allem sich selbst dafür verabscheuen. Es wird Ihre vielleicht gut gemeinte Aufklärung der anderen als absolute Stigmatisierung seiner Person empfinden. Wie oben schon erwähnt, verstärken Krisen sowieso schon vorhandene Konflikte oder Rollenverteilungen. Es kann durchaus sein, dass das betroffene Kind seinen Stempel in der Familiendynamik auch hier wieder von den Geschwistern bekommt: »Ist ja klar, dass du darauf wieder reingefallen bist, bist halt unser Blödian«. Oder: »Meine Güte, du blickst ja nie was«.

Für die Geschwister vermittelt so eine Strategie auch eine trügerische Sicherheit. Sie können vollkommen überzeugt von sich sagen: »Also mir passiert so etwas nie, so blöd ist nur meine Schwester/mein Bruder«. Oder »Ich würde im Leben nicht auf so was reinfallen«. Sie halten sich für superschlau und jedem Täter überlegen, das sind sie aber nicht.

Ideal wäre, wenn Sie es schafften, auf die Situation einzugehen, indem sie das Opfer auch wirklich als Opfer darstellen, etwa so: Schaut mal, der Täter hat das aber auch wirklich sehr geschickt gemacht. An dieser oder jener Stelle hat eure Schwester/euer Bruder auch schon gedacht, dass da etwas nicht stimmt, auf der anderen Seite fand sie ihn aber doch sehr nett … Wenn es Ihnen gelingt, die Strategie des Täters aufzugreifen und zu erklären, wie perfide und suggestiv jemand vorgehen kann und dass es für jedes Kind schwer ist, zu durchschauen, was passiert, dann ist so ein Gespräch sehr nützlich. Ich muss nur gleich warnend hinzufügen: Das ist sehr, sehr schwierig in dieser Situation. Aber genau das braucht es. So ein Gespräch (bzw. solche Gespräche, weil es selten bei einem bleibt) ist eine enorme Herausforderung für Eltern. Denn Sie werden nicht immer in der Lage sein, einen kühlen Kopf zu bewahren und sich wie im pädagogischen Lehrbuch zu verhalten. Dann machen Sie sich vielleicht Vorwürfe und halten sich für einen Versager. Aber das sind Sie nicht. Sie stehen unter großem Druck und das pädagogische Lehrbuchverhalten gibt es ohnehin nur im Modell – also bleiben Sie dran!

Ein moderierendes Gespräch in einer Beratungsstelle oder bei einem niedergelassenen Therapeuten ist in aller Regel hilfreich. Es nimmt etwas von dem Druck weg, der auf allen lastet, jeder kann sich mit seinen Bedürfnissen einbringen. Und es fällt leichter, sich auf das zu besinnen, was eine Familie ausmacht: das grundsätzliche Zusammengehörigkeitsgefühl und die Gewissheit, dass man es auch in Krisen nicht verliert.

Was können pädagogische Fachkräfte und andere Betreuungspersonen tun?

Generell können Lehrerinnen, Lehrer und andere Betreuungspersonen dem einzelnen Kind nicht dieselbe Aufmerksamkeit entgegenbringen wie die Eltern. Dennoch sind sie wichtige Ansprechpartner für Kinder in Not!

Doch auch wenn sie bemerken, dass sich ein Kind verändert, etwa unerklärliche Leistungsschwächen zeigt, sein

Sozialverhalten vollkommen anders ist etc., kann das, wie schon beschrieben, alle möglichen Ursachen haben, es muss sich nicht um sexualisierte Gewalt handeln. Deshalb ist es sinnvoll, dass Sie im Verdachtsfall vor allem Ruhe bewahren und die nächsten Schritte sorgfältig planen. Ich empfehle, eine Art Miniprotokoll anzufertigen und beobachtete Symptome oder Verhaltensauffälligkeiten zu notieren, möglichst mit Stichworten auch zu Begleitumständen und Ähnlichem. Versuchen Sie, sich zunächst einer Wertung oder Interpretation zu enthalten. Notieren Sie einfach, was Ihnen aufgefallen ist. Das dient Ihrer inneren Klärung, gegebenenfalls auch später einer eventuell notwendigen Dokumentation.

Wenn Sie überzeugt sind, dass ein Problem vorliegt, sollten Sie vorsichtig den Kontakt mit dem betreffenden Kind bzw. Jugendlichen stärken. Zeigen Sie sich noch offener, gesprächsbereiter, interessierter als bisher. Vermitteln Sie dem Mädchen oder Jungen, dass Sie es bzw. ihn ernst nehmen. Je mehr Sie dem Kind oder dem Jugendlichen eine eigene Meinung zugestehen, desto leichter wird es ihm fallen, ein Geheimnis zu offenbaren.

Sprechen Sie auch mit Kollegen über Ihre Beobachtungen. Haben sie dasselbe bemerkt wie Sie? Sind ihnen anderen Dinge aufgefallen? Informieren Sie die Schulleitung über Ihre Vermutung bzw. gegebenenfalls den Träger der Institution gemäß §8a SGB VIII (Schutzauftrag bei Kindeswohlgefährdung). Klären Sie Ihre Vermutungen mit einer Fachberatungsstelle. Möglicherweise arbeitet Ihre Schule oder Ihre Institution bereits auf anderem Gebiet mit einer solchen Stelle zusammen. Besprechen Sie mit der Leitung und mit der Fachberatungsstelle die nächsten Schritte: Wer hält den Kontakt zum Kind? Wer spricht gegebenenfalls die Eltern an? Wer wendet sich gegebenenfalls an das zuständige Jugendamt? Soll eine Strafanzeige erstattet werden?

Nicht zuletzt: Denken Sie auch an sich und Ihren Kräftehaushalt. Solche Vorgänge sind sehr belastend. Seien Sie sich Ihrer persönlichen Grenzen bewusst. Niemand kann so ein Problem allein »lösen«. Sie sind auf jeden Fall in der Zwickmühle, weil die Situation selten eindeutig ist, zumindest nicht am Anfang. Gerade beim Cybergrooming gibt es keine sichtbaren körperlichen Spuren, das macht das Erkennen noch schwerer. Sicher fürchten Sie, dass Sie übertrieben misstrauisch sind, dass Sie das Kind oder den Jugendlichen vielleicht in Schwierigkeiten bringen, wenn Sie seinen Eltern gegenüber dieses Thema anschneiden. Sie können nur schlecht vorhersehen, wie Eltern auf so ein Thema reagieren, vielleicht machen sie zunächst einmal dem Kind großen Druck, statt ihm zu helfen.

Kurzum: Vermuten Sie nicht hinter allen Auffälligkeiten sexuellen Missbrauch, aber denken Sie dennoch immer die Möglichkeit eines Missbrauchs – auch Cybergroomings – als eine Ursache für Notlagen mit. Suchen Sie den Rat und den Austausch mit Ihren Kollegen und auch mit einer Fachberatung.

Strafverfolgung und Sicherung der Beweismittel

Bei jeder Tat, die strafrechtlich verfolgt werden soll, muss das Beweismaterial gesichert werden. Beim Cybergrooming ist das oft schwierig, für Lehrer und Betreuungspersonen in der Regel noch schwieriger als für Eltern. Beweismittel sichern heißt nämlich konkret: Sie müssen Chatprotokolle, pornografische Bilder, SMS-Mitteilungen etc. sichern und am besten mit Datum usw. versehen ausdrucken. Das setzt eine gewisse Kooperationsbereitschaft des betroffenen Mädchens oder Jungen voraus. Eltern haben vielleicht noch die Möglichkeit, sich die Handys der Kinder heimlich anzusehen, Lehrer und Betreuungspersonen können das nicht. Je nach Hausordnung können sie vielleicht das Handy einziehen.

Es gibt die Möglichkeit, gelöschte Daten auf Handys wiederherzustellen. Das ist aber sehr kompliziert und normalerweise nur für die kriminaltechnischen Untersuchungsabteilungen der Polizei möglich.

Auch bei der Frage nach einer Strafverfolgung spielen viele ambivalente Gefühle und Gedanken eine Rolle. Ein Strafverfahren bedeutet möglicherweise eine erhebliche Belastung für die Opfer und ihr Umfeld. Das Kind bzw. der Jugendliche muss das Geschehene mehrmals fremden Menschen beschreiben, bei der Polizei, Staatsanwaltschaft und eventuell bei einem hinzugezogenen psychologischen Sachverständigen, vor Gericht. Es ist allerdings gut möglich, dass nicht alle damit befassten Personen immer besonders feinfühlig vorgehen. Auch die dabei entstandenen Bilder werden im Zuge der Ermittlungen und des Verfahrens »öffentlich«, was für das Opfer in aller Regel sehr peinlich ist. Es ist sorgfältig abzuwägen, wie man mit diesen Herausforderungen umgeht und welche Unterstützung es braucht, um diese zu bewältigen.

Es gilt auf jeden Fall die Regel: Tun Sie nichts gegen den Willen des Kindes. Manche Eltern sind so wütend und erschüttert, dass sie den Tätern unbedingt einen »Denkzettel« verpassen wollen, auch um Wiederholungen mit anderen Kindern und Jugendlichen zu verhindern. Eine verständliche Absicht, doch hören Sie erst einmal, was Ihr Kind dazu meint. Vermeiden Sie den Eindruck, dass die Wünsche Ihres Kindes überhaupt nicht zählen. Eine spontane Ablehnung muss nicht das letzte Wort sein.

Bei dieser Entscheidungsfindung ist fachliche Hilfe wirklich angeraten. Es gibt durchaus Unterstützung für Betroffene und ihre Angehörigen. Informieren Sie sich zum Beispiel über die Möglichkeit einer sozialpädagogischen Prozessbegleitung. Außerdem ist es immer wichtig, eine Nebenklagevertretung – also eine Anwältin oder einen Anwalt – zu bestellen, die die Interessen des Opfers vor Gericht noch einmal extra vertritt.

Informieren Sie sich umfassend, beziehen Sie Ihren Sohn oder Ihre Tochter mit ein und kommen Sie dann gemeinsam zu einer Entscheidung.

Prävention, aber mit Augenmaß

Möglicherweise denken Sie als Eltern an dieser Stelle des Buchs: Das ist ja Wahnsinn, die Welt ist voller Missbraucher und ich weiß nicht, was meine Tochter / mein Sohn im Internet treibt. Ja, da haben Sie recht, es ist Wahnsinn. Aber das geht uns in vielen Bereichen des Lebens so. Wenn wir zu jeder Zeit darüber nachdenken, was uns und unseren Lieben alles passieren könnte, würden wir kein Flugzeug mehr besteigen, nicht mehr über die Straße gehen, uns überhaupt nicht mehr aus dem Haus trauen. Und selbst dort wären wir ja nicht sicher. Wir kennen viele Gefahren, blenden sie aber aus dem täglichen Bewusstsein aus, damit wir unser Leben – mit Genuss – führen können.

Auch bei Cybergrooming gilt: Sie kennen die Gefahr, Sie wissen, dass das Phänomen allgegenwärtig ist. Lassen Sie sich nicht von paranoiden Gefühlen überwältigen, sondern stecken Sie Ihre Energien in wirksame präventive Maßnahmen. Klären Sie Ihr Kind auf, schließen Sie ein Internetabkommen mit Ihrem Kind ab (mehr dazu in Kapitel 10), achten Sie auf Verhaltensauffälligkeiten und beziehen Sie in Überlegungen bei der Analyse von Symptomen die Möglichkeit eines Cybergroomings ein.

Dass Aufklärung das Wichtigste ist, zeigt folgende Geschichte, die Innocence in Danger e. V. von einer Berliner Grundschule berichtet wurde. Es ist geradezu ein Klassiker: Ein Mann spricht vor dem Schulhof einen siebenjährigen Jungen an, er habe so hübsche Welpen zu Hause, ob er sich die mal anschauen wolle. Die Wohnung sei auch direkt um die Ecke. Klar, meint der Junge, Welpen sind klasse, und geht mit. In der Wohnung fängt der Mann an, den DVD-Spieler einzurichten und die Vorhänge zuzuziehen. Da sagt der Junge: »He, wird das hier ein Missbrauch, oder was?« Der Mann ist vollkommen konsterniert und lässt den Jungen laufen – glücklicherweise. Die Geschichte hätte auch ganz anders ausgehen können, natürlich. Aber sie zeigt doch, dass aufgeklärte Kinder eher in der Lage sind, eine Situation zu durchschauen. Dieser Junge hatte einige Wochen zuvor eine Veranstaltung von Strohhalm e. V. besucht, der Fachstelle für Prävention von sexuellem Missbrauch an Mädchen und Jungen.

Kapitel 8
Exkurs: Missbrauchsabbildungen oder die Verbreitung von kinderpornografischem Material über das Internet

Auch die Verbreitung von kinderpornografischem Material über das Internet ist eine Form der sexualisierten Gewalt. Die digitalen Medien und die permanente technische Weiterentwicklung eröffnen Kinderpornoringen neue Möglichkeiten. Vieles, was früher ausschließlich heimlich und privat getauscht wurde, kursiert heute mehr oder weniger frei bzw. leicht zugänglich im Internet.

Manche Täter, die sich online an Kinder heranmachen, haben es auch auf Missbrauchsaufnahmen abgesehen, die sie im Netz tauschen oder verkaufen wollen. Der Großteil der derzeit kursierenden Aufnahmen entsteht allerdings bei Offline-Missbrauchsfällen, die nicht über das Internet angebahnt wurden. In meiner Arbeit für Innocence in Danger habe ich mich sehr viel mit dieser Art der Ausbeutung von Kindern und Jugendlichen auseinandergesetzt und es ist mir wichtig, in diesem Buch auch darauf aufmerksam zu machen.

Was genau ist Kinderpornografie?

Unter Kinderpornografie sind nach § 184b Strafgesetzbuch »pornografische Schriften zu verstehen, die sexuelle Handlungen von, an oder vor Kindern zum Gegenstand haben«. Zu Schriften zählen im strafrechtlichen Sinn auch Ton- und Bildträger, Datenspeicher, Abbildungen und andere Darstellungen (§ 11 Abs. 3 Strafgesetzbuch). Als Kinderpornografie wird in Deutschland darüber hinaus auch Material eingestuft, das keine realen Geschehnisse abbildet, beispielsweise Comics, in denen ein Vater seine Tochter missbraucht, und auch fiktive Erzählungen, die sexuelle Handlungen an Kindern beschreiben. Als »Kind« wird bezeichnet, wer das 14. Lebensjahr noch nicht vollendet hat. Pornografische Aufnahmen, die Jugendliche zwischen 14 und 18 Jahren zeigen, gelten als »Jugendpornografie«.

Diese Definitionen klingen sehr technisch. Man muss sich klarmachen, dass es sich nicht »nur um Bilder« handelt, sondern dass jede kinderpornografische Aufnahme ein reales Verbrechen an einem Kind dokumentiert. Insofern sind eigentlich die Begriffe »Missbrauchsabbildungen« bzw. »Missbrauchsfilme« richtiger, finden aber leider kaum Anwendung. Während der Begriff »Kinderpornografie« einen gewissen Abstraktionsgrad hat, beschreibt »Missbrauchsabbildung« bzw. »-film« das Geschehen sehr genau. Diese Darstellungen umfassen beispielsweise Nacktfotos mit klarem Fokus auf den kindlichen Genitalbereich, Erwachsene, die vor Kindern sexuelle Handlungen vornehmen, sich von ihnen oral oder mit der Hand befriedigen lassen, die ihnen Gegenstände einführen etc., außerdem Vergewaltigung und Folter. Manche dieser Verbrechen sind so brutal, dass es selbst für speziell geschulte Ermittlungsbeamte, Ärzte und Therapeuten schwer ist, mit den Darstellungen fertigzuwerden. Es handelt sich also um Bilder oder Filme sexuellen Missbrauchs an Kindern, zum Teil Kleinstkindern und Säuglingen.

Die Verbreitung und der Besitz von Kinderpornografie sind nach § 184 b Abs. 4 Strafgesetzbuch strafbar. Nach § 184 c Abs. 4 Strafgesetzbuch ist seit 2008 auch der Besitz bzw. die Besitzverschaffung jugendpornografischer Schriften unter Strafe gestellt, sofern sie ein tatsächliches Geschehen wiedergeben. Die angedrohten Freiheitsstrafen sind derzeit allerdings so gering, dass sich die Täter davon nicht abschrecken lassen. Manche nehmen es in Kauf, immer mal wieder auf Bewährung oder gar zu ein paar Jahren Gefängnis verurteilt zu werden.

Die Diskussion um Posingbilder

Im Zusammenhang mit Missbrauchsabbildungen, geht es bei den Posingbildern um Aufnahmen nackter Kinder, z. B. schlafend, am Strand, im Planschbecken etc. Strafbar werden die Bilder nach aktuellem Stand dann, wenn die Genitalien der Kinder in den Fokus gerückt werden – also eindeutig zur Schau gestellt werden. Dies soll aktuell (Stand Sommer 2014) durch eine Änderung des § 184 b Strafgesetzbuch geändert werden.

Denn Anfang 2014 führten die Erkenntnisse von »Operation Spade«, einem Schlag gegen ein internationales, kommerzielles Verbreitungsnetzwerk von Kinderpornografie in Kanada, der Öffentlichkeit vor Augen, dass es auch einen lukrativen Markt für Nacktbilder oder -filme von Kindern und Jugendlichen gibt.

Im Zuge der Nachforschungen wurde auch gegen den damaligen Bundestagsabgeordneten Sebastian Edathy ermittelt. Dieser argumentierte, er habe lediglich straffreies Material – also Nacktbilder bzw. -filme von Jungen gekauft. Der Fall Edathy führte uns Fragen nach den verschiedenen Formen der Ausbeutung von Kindern vor Augen.

Es gibt einen Markt für Kindernacktbilder. Es ist ein lukrativer, geheimnisvoller Markt, auf dem man legales »Material« beziehen kann. Das bedeutet, die Nacktaufnahmen zielen nicht explizit auf das Genital des Mädchen oder Jungen und enthalten auch keinerlei sexualisierte Handlungen. Die

Sammlung solcher Nacktbilder setzt sich zusammen aus eigens dafür produzierten Filmen und Fotos, solchen die als »Abfallprodukt« bei Missbrauchsfilmen entstehen und solchen, die man leicht zugänglich in sozialen Netzwerken oder in Chats finden kann. Eingestellt von Mädchen und Jungen selbst.

Es gilt auch, all diese Kinder und Jugendlichen zu schützen.

Ausmaß der Verbreitung von Kinderpornografie

Die Polizeiliche Kriminalstatistik verzeichnet für das Jahr 2013 in Deutschland 4 144 Fälle des Besitzes / der Verschaffung von kinderpornografischem Material (eine Steigerung von 27,9 Prozent zum Vorjahr), 2 471 Fälle der Verbreitung. Das tatsächliche Ausmaß ist unbekannt. Man muss auch hier von einem Dunkelfeld ausgehen, das sehr viel höher liegt. Die Täter gehen oft raffiniert vor und das Internet bietet viele Möglichkeiten, sich in versteckten Netzwerken, regelrechten Geheimzirkeln, aufzuhalten. Bislang gibt es relativ wenige Informationen über diese Netzwerke, man weiß nicht genug darüber, wie sie organisiert sind, wie oft und von wie vielen Menschen sie genutzt werden.

Zwar gibt es einige Berichte mit Zahlen zu den im Netz gefundenen kinderpornografischen Inhalten, die Ergebnisse lassen sich allerdings oft nur schwer vergleichen, da ihnen häufig unterschiedliche Bezugsgrößen zugrunde liegen. Mal ist von Internetseiten oder Domains die Rede, mal wird die Zahl der URLs genannt, dann wiederum die Zahl der Meldungen oder die Zahl der einzelnen Abbildungen. Die Internet Watch Foundation (IWF), eine britische Nichtregierungsorganisation, gibt seit 2007 einen jährlichen Bericht zur Zahl der Internetseiten mit kinderpornografischen Inhalten heraus. Laut IWF wurden 2013 13 182 Internetseiten identifiziert, die Aufnahmen von Kindesmissbrauch enthalten. 2010 waren es noch 1 351 Webseiten, eine Steigerung von fast 1 000 Prozent in drei Jahren. INHOPE, der Dachverband von Internetbeschwerdestellen, die weltweit in 31 Ländern operieren und Beschwerden über illegale Inhalte im Internet entgegennehmen, erfasst in seinem Jahresbericht 2013 54969 Meldungen über kinderpornografisches Material im Internet. (Eine Steigerung von 47 Prozent im Vergleich zu 2012.)

Ähnlich schwierig wie die Zahl der im Netz kursierenden Aufnahmen ist das genaue Alter der Opfer zu bestimmen. IWF geht davon aus, dass 81 Prozent der Kinder auf den Aufnahmen jünger als zehn Jahre sind, davon sind drei Prozent zwei Jahre oder jünger. Auf eine ähnliche Zahl kommt der INHOPE-Bericht 2013: Demzufolge sind 71 Prozent der abgebildeten Kinder präpubertär (zehn Prozent sind Kleinkinder und 19 Prozent in der Pubertät). 51 Prozent der gefundenen Webseiten zeigen IWF zufolge Aufnahmen von Vergewaltigungen und/oder Folter, die übrigen bilden sonstige Formen sexuellen Missbrauchs ab.

Fakt ist, die »Child Victim Identification Program«-Datenbank des »National Center for Missing and Exploited Children« allein hat seit Gründung 2002 bis Juni 2013 mehr als 90 Millionen Missbrauchsabbildungen analysiert – mehr als acht Millionen Abbildungen pro Jahr. Wie viele individuelle Opfer sich hinter dieser Zahl verbergen ist nicht bekannt.

Tausch- bzw. Verkaufsbörsen für Missbrauchsabbildungen im Internet

Experten halten es für äußerst unwahrscheinlich, dass man »rein zufällig« im Internet auf kinderpornografisches Material stößt. Ende der 1990er-Jahre gelangte man über Suchmaschinen noch mit wenigen Klicks auf solche Seiten. Sogenannte Online-Selbsthilfegruppen für Pädophile waren ein Eldorado für den Tausch solchen Materials und Tipps, wie man Kinder gut missbrauchen kann. Missbrauchsfilme und -bilder aus den 1970er- und 1980er-Jahren wurden digital aufbereitet und ins Netz gestellt. All das fand in ziemlicher Offenheit statt.

Mittlerweile hat sich das geändert – diese »schamlose« Offenheit ist auch online nicht mehr möglich. Die Täter verstehen es, sich auch im Online-Raum versteckt zu halten. Immer häufiger stellen sie die Bilder und Filme nicht auf Webseiten, sondern verbreiten sie über private Netzwerke, direkt von Rechner zu Rechner oder von Handy zu Handy. Die zahlreichen Anbieter von kostenlosem File- und Sharehosting ermöglichen es, riesige Datenmengen hochzuladen, zu lagern und die Daten anderen Nutzern zugänglich zu machen.

In vielen Fällen handelt es sich bei solchen Kinderporno-Netzwerken um Tauschbörsen. Die IWF identifizierte 2013 24 Prozent der Webseiten mit Missbrauchsabbildungen als kommerzielle Anbieter von Kinderpornografie und der INHOPE-Bericht 2013 konstatiert, dass 13 Prozent der Webseiten, denen das kinderpornografische Material zugeordnet werden konnte, kommerzieller Natur sind – für den Zutritt oder die Beschaffung des Materials muss also Geld bezahlt werden. In der Polizeilichen Kriminalstatistik für 2013 sind in Deutschland 76 Fälle der Verbreitung kinderpornografischer Schriften durch gewerbs-/bandenmäßiges Handeln erfasst.

Das bedeutet im Klartext: Es gibt eine Industrie für die Dokumentation von sexuellem Missbrauch an Kindern und die Verbreitung der Aufnahmen. Also auch eine Industrie für den Missbrauch selbst. Nicht alle, die sich online Kinderpornos anschauen, begehen auch selbst Missbrauch. Aber auch die reinen Konsumenten sind Täter, weil sie durch ihre Nachfrage den Markt ankurbeln.

In einigen Zirkeln – vor allem in den reinen Tauschbörsen – ist eine der Aufnahmevoraussetzungen, dass jeder Interessent selbst Missbrauchsdarstellungen beisteuert. So soll sichergestellt werden, dass niemand den anderen verrät, weil sich ja jeder bereits schuldig gemacht hat. Nicht jeder begeht dafür realen Missbrauch, manche manipulieren Bilder, indem sie beispielsweise mit einem Bildbearbeitungsprogramm aus Fotografien ihrer eigenen Kinder, Enkel, Nichten oder Neffen die Köpfe ausschneiden und auf Nacktfotos anderer Kinder oder Jugendlicher mit kindlichen Körpern setzen. Oder die Täter lassen sich eben von Kindern, die sie im Internet kennengelernt haben, Nacktaufnahmen zuschicken. Für die Strafverfolgung stellt das Aufnahmeprozedere jedenfalls ein großes Problem dar: Um sich in die entsprechenden Netzwerke einzuschleusen, müssten die Ermittlungsbeamten selbst kinderpornografisches Material liefern. Das ist ihnen nicht erlaubt. Sie müssen also beobachten und versuchen, auf anderen Wegen Zugang zu solchen Zirkel zu erhalten.

Wie bereits erwähnt, ist es für Nichteingeweihte ausgesprochen schwierig, im Netz kinderpornografische Aufnahmen zu finden. Wie unter anderem die Nichtregierungsorganisation naiin (no abuse in internet/»kein Missbrauch im Internet«) mitteilt, nutzen viele Täter oder Täterinnen den Mikroblogging-Dienst Twitter, um Links zu kinderpornografischen Inhalten zu verbreiten. Diese Tweets sind schwer zu finden, zum einen aufgrund der Datenmassen, die permanent über Twitter gesendet werden (2013 hatte Twitter gut 230 Millionen Nutzerkonten). Zum anderen tarnen sich die Täter oder Täterinnen natürlich gut. Sie verwenden unauffällige Nutzernamen und operieren mit Codewörtern, die von unbedarften Nutzern nicht als Hinweis auf kinderpornografische Seiten erkannt werden. Vielfach informieren sie einander so über gelöschte oder gesperrte Internetseiten und teilen mit, unter welcher Webadresse die Inhalte jetzt zu finden sind.

Wer sind die Täter?

An der Verbreitung von kinderpornografischem Material sind mehrere Parteien beteiligt: Diejenigen, die den realen Missbrauch begehen, aufnehmen und ins Netz stellen, und diejenigen, die sich diese Aufnahmen anschauen und teilweise auch dafür bezahlen. Viele sind sowohl Täter als auch Konsumenten. Manche betreiben das Ganze allein und »nur privat«, andere sind in größeren Zirkeln organisiert, in denen Kinder zum Missbrauch verkauft oder vermietet werden – immer wieder auch durch die eigenen Eltern. Der Großteil der Aufnahmen entsteht nicht etwa in dunklen Kellerräumen oder irgendwelchen schmuddeligen Hinterzimmern. Sie werden in ganz normalen Wohn- und Schlafzimmern gemacht, überall in Deutschland, der Schweiz, Österreich, England, den USA, Thailand – eben überall auf der Welt. Manche Täter richten sich in ihren Wohnungen richtige Aufnahmestudios ein. Die Täter, sowohl Produzenten als auch Konsumenten, kommen aus allen gesellschaftlichen Schichten.

Insgesamt wissen wir immer noch viel zu wenig über Organisationsgrad, Strukturen, Verbreitungswege und ein annähernd wahres Ausmaß der Verbreitung und des sexuellen Missbrauchs explizit für die Produktion von Missbrauchsdarstellungen. Das hat viele Gründe. Die Online-Verbreitungswege sind vielfältig und kaum zu durchschauen. Erkenntnisse können nur aus dem »Hellfeld« – also aufgrund angezeigter, recherchierter Fälle – gewonnen werden. Die Leibniz Universität Hannover untersuchte 2011 die »Herstellung und Vertrieb von Kinderpornografie im Internet«. Grundlage war das sogenannte »Hellfeld« also die Erkenntnisse der Strafverfolgungsbehörden. Die Untersuchung bestätigte ein »Marktgeschehen« im Bereich des Handels und Tauschs mit Missbrauchsabbildungen. Allerdings, so die Forscher findet dieser Markt eher in Tauschbörsen und Peer-to-Peer*-Netzwerken statt als über kommerzielle Webseiten. Die Forscher resümierten weiter, dass der Handel mit Kinderpornografie bisher an zwei Punkten gestört werden könne. Erstens, indem man die Konsumenten präventiv erreicht und so die Nachfrage senkt und zweitens, indem man den Verfolgungsdruck sowohl für die Anbieter als auch Konsumenten erhöht.

Dennoch stellt sich wieder die Frage: Was wird durch die Untersuchung abgebildet und welche Schlüsse kann man für das Dunkelfeld – also die unbekannten Fälle – daraus ziehen?

Ethel Quayle – eine der renommiertesten Forscherinnen weltweit zu diesem Thema – konstatierte 2014 anlässlich eines Expertentreffens an der University of Toronto, dass in diesem Zusammenhang nach wie vor viele Fragen nicht beantwortet sind.

Laut Polizeilicher Kriminalstatistik sind – bei den im Jahr 2013 erfassten Fällen in Deutschland – von denjenigen, die sich des Besitzes oder der Verschaffung von kinderpornogra-

* In einem Peer-to-Peer-Netzwerk (auch P2P) laden alle Nutzer eine Anwendung herunter, welche die jeweiligen Computer miteinander verbindet und Zugriff auf Inhalte erlaubt. So werden z.B. Musik oder Filme getauscht.

fischem Material schuldig gemacht haben, die meisten männliche Erwachsene über 21 Jahre (92,1 Prozent). Das bedeutet zum einen, dass 7,9 Prozent weibliche Täterinnen sind. Zum anderen sind Frauen häufig auch auf gewisse andere Weise involviert. Immer wieder erlebe ich es beispielsweise, dass sie bestimmte Warnsignale ignorieren, nach dem Motto: Es kann einfach nicht sein, dass der eigene Mann Kinderpornos konsumiert! Das Bedürfnis, das persönliche Lebensumfeld und Lebensmodell zu schützen, ist so stark, dass sämtliche Hinweise ausgeblendet werden (müssen). Das ist oft auch bei realem Missbrauch der Fall, wenn beispielsweise der Ehemann oder Lebensgefährte die eigene Tochter oder den eigenen Sohn missbraucht. Es ist eine große Herausforderung, sich solchen Tatsachen zu stellen – eine Aufgabe, die viele Frauen und auch Männer an ihre Grenzen bringt.

Aus meiner Arbeit mit betroffenen Kindern und Jugendlichen weiß ich, dass an den realen Missbrauchsvorgängen auch Frauen immer wieder aktiv beteiligt sind. So wie bei einem sechsjährigen Jungen, mit dem ich vor einigen Jahren therapeutisch arbeitete. Er wurde jahrelang von beiden Elternteilen sexuell missbraucht. Die Mutter verging sich auf verschiedene Weise am Sohn, der Vater filmte das Verbrechen und verkaufte die Aufnahmen in seinem Internetnetzwerk.

Folgen für die Opfer: der doppelte Missbrauch

Wird das beim sexuellen Missbrauch erzeugte Bild- und Filmmaterial über das Internet verbreitet, ist dies eine zusätzliche Demütigung für die Opfer. Schon durch den Missbrauch an sich erleiden sie schwere seelische Schäden, viele fühlen sich ihr ganzes Leben lang beschmutzt und unwert. Manche Missbrauchstaten sind so brutal, dass die Betroffenen ihr Leben lang zusätzlich mit massiven körperlichen Problemen zu kämpfen haben, die durch Verletzungen entstanden sind. Gerade wenn die Eltern hinter dem Missbrauch stecken, gibt es oft niemandem, der mit dem Kind zum Arzt geht. Auch noch Jahre oder Jahrzehnte nach dem eigentlichen Ereignis kann die Konfrontation mit den Bildern des Missbrauchs eine Retraumatisierung auslösen. Es handelt sich sozusagen um doppelten Missbrauch, denn die Opfer müssen die Tat erneut durchleben.

Ich habe mit einer jungen Frau therapeutische Gespräche geführt, die den erlebten Missbrauch gut verarbeitet hatte. Dann erhielt sie von ihren Vergewaltigern den Hinweis, dass im Internet Bilder davon zu finden sind. Nach der ersten Ohnmachtserfahrung beim eigentlichen Missbrauch ist das Opfer jetzt mit einer zweiten Ohnmachtserfahrung konfrontiert: Die junge Frau kann nichts dagegen tun, dass die Aufnahmen im Internet stehen. Sie sind nicht zu löschen. Das Wissen darum ist grausam. Nicht nur, weil sich Menschen diese Aufnahmen ansehen. Die junge Frau befürchtet beispielsweise auch, dass jemand aus ihrem Bekanntenkreis oder auch einfach Leute auf der Straße sie auf diesen Bildern erkennen könnten. Die Scham – das Gefühl, öffentlich bloßgestellt zu werden – ist unglaublich groß. Es ist so schwer zu ertragen, dass manche Opfer einfach leugnen, die Person zu sein, die man auf den Aufnahmen sieht.

Experten zufolge sprechen Opfer, die beim Missbrauch gefilmt werden, sehr häufig nicht über die schlimmen Erlebnisse. Manche befürchten, dass die Aufnahmen falsch gedeutet werden könnten, im Sinne von »Man sieht doch, dass es dir auch Spaß macht, sonst hättest du doch nicht gelächelt. Du wolltest es doch selbst«. Andere erinnern sich gar nicht daran oder wissen überhaupt nicht, dass der Missbrauch gefilmt wurde. Dann ist es ein zusätzlicher Schock, wenn sie erfahren, dass Filme oder Fotos davon existieren: Es gab also möglicherweise jemanden, der daneben stand und alles mit angesehen hat, ohne ihnen zu helfen. »Ich bin es nicht wert, dass mir in so einer schrecklichen Situation jemand zu Hilfe kommt!«

Vorgehen gegen Kinderpornoringe

Nur äußerst selten sind die Täter auf den Aufnahmen zu erkennen. Aber natürlich hinterlassen sie Spuren im Netz. Bei den Landeskriminalämtern wie auch beim Bundeskriminalamt gibt es Spezialisten für die Recherche im Zusammenhang mit Kinderpornografie. Immer wieder gelingt es, Rechner von Verdächtigen zu beschlagnahmen. Die Spezialisten müssen diese häufig wochen- oder monatelang nach belastendem Material durchsuchen. Oft gestaltet sich das sehr schwierig, beispielsweise wenn sich auf einem Rechner Tausende (nicht kinder-)pornografischer Dateien befinden, die man alle durchsehen muss, um dazwischen eventuell eine Aufnahme von einem Kind zu finden. Kompliziert ist die Ermittlungsarbeit auch, wenn der Verdächtige die Daten gelöscht hat und sie aufwendig rekonstruiert werden müssen.

Weitere große Probleme für die Ermittlungsarbeit bestehen darin, dass

- sich viele Server, über die kinderpornografisches Material verbreitet wird, im Ausland befinden;
- es bislang keine internationalen Standards zur Bekämpfung von Kinderpornografie gibt;
- es viel zu wenig Personal gibt und somit längst nicht allen Hinweisen nachgegangen werden kann.

Einige der einschlägigen Webseiten wechseln regelmäßig den Provider und auch das Land. So wollen die Betreiber verhindern, dass die Seiten entdeckt werden. Laut Inhope befinden sich etwa 52 Prozent der Provider, über die kinderpornografisches Material verbreitet wird, in Europa, 44 Prozent in Nordamerika. Man sollte annehmen, dass dort konkret dagegen vorgegangen werden kann. Das ist aber nicht immer der Fall. Ein Problem besteht darin, dass die Straftatbestände nicht überall identisch sind. Während bei uns beispielsweise auch Zeichnungen, die Kindesmissbrauch darstellen, illegal sind, sind sie das in den USA nicht. In Skandinavien wiederum ist die Rechtsprechung strenger als bei uns, weshalb gegen bestimmte deutsche Internetseiten, die in Skandinavien als illegal gelten, in Deutschland nicht vorgegangen wird.

Trotz aller Schwierigkeiten gelingen den Ermittlern immer wieder Schläge gegen Kinderpornoringe – zumindest werden immer wieder Hunderte oder sogar Tausende Verdächtige identifiziert und Speichermedien (Rechner, DVDs, CDs, USB Sticks etc.) beschlagnahmt. Berichte über Verurteilungen nach solchen Festnahmen sind eher selten. Wenn man darüber etwas erfährt, dann hört man vor allem von Urteilen zu Geldbußen oder Bewährungsstrafen. Im Folgenden finden Sie einige Aktionen gegen Kinderpornoringe aufgeführt, bei denen auch in Deutschland Verdächtige identifiziert wurden.

Operation »Landslide«

Die texanische Firma Landslide Inc. führte bis ins Jahr 1998 unter anderem für Anbieter »normaler« Pornografie Kreditkartenbezahlungen durch. Medienberichten zufolge sollen die Betreiber aber auch im Zusammenhang mit 5 000 kinderpornografischen Webseiten und 250 000 Konsumenten (darunter auch Deutsche) monatlich 1,4 Millionen US-Dollar eingenommen haben. Operation »Landslide« war unter anderem einer der Anlässe für die Gründung von Innocence in Danger in Frankreich im Jahr 1999.

Operation »Marcy«

Im Jahr 2003 führte die Polizei eine groß angelegte Aktion gegen private Tauschringe kinderpornografischer Darstellungen durch. Es gelang den Ermittlern, rund 26 000 Verdächtige weltweit zu identifizieren. Allein in Deutschland wurden ungefähr 600 Wohnungen durchsucht und mehrere Zehntausend CDs, DVDs und andere Datenträger beschlagnahmt.

Operation »Mikado«

Im Jahr 2006 ließ das Landeskriminalamt Sachsen-Anhalt den Zahlungsverkehr sämtlicher deutschen Kreditkarten (insgesamt wohl über 22 Millionen) überprüfen. Die Ermittler hatten eine Internetseite entdeckt, auf der Fotos und Videos von Kindesmissbrauch zu einem bestimmten Preis angeboten wurden. Um die Käufer zu ermitteln, wurden alle Kreditkarten auf die Zahlung der entsprechenden Summe überprüft. Im Rahmen dieser Aktion konnten mehrere Hundert Verdächtige ausgemacht werden.

Operation »Himmel«

In den Jahren 2007 und 2008 fand eine der größten Aktionen gegen Kinderpornografie in Deutschland statt. Ein Internetprovider hatte auf seinem Server kinderpornografisches Material entdeckt und die Polizei informiert. Die Ermittler identifizierten über 12 000 Verdächtige aus allen Bundesländern, die auf dieses Material zugegriffen hatten.

Operation »Susi«

2009 wurde ein MMS-Netzwerk aufgedeckt: Die Täter hatten über Mobiltelefone Bilder und Filme von sexuellem Missbrauch an Kindern getauscht. Auf dem Handy eines Mannes hatten die Ermittler kinderpornografisches Material gefunden und mehr als 450 Nummern von Männern und Frauen aus ganz Deutschland, denen er das Material geschickt oder von denen er Aufnahmen erhalten hatte.

Operation »Rettung«

Im März 2011 gelang Europol ein Schlag gegen eine der größten Tauschbörsen von Missbrauchsabbildungen im Internet. 670 Verdächtige und 230 Opfer konnten identifiziert werden. Insgesamt sollen dem Ring, der unter dem Namen boylover.net aktiv war, rund 70 000 Personen angehören. Über Mitglieder in Deutschland ist derzeit noch nichts bekannt.

Operation »Spade«

Ebenfalls 2011 gelang es den kanadischen Strafverfolgungsbehörden den Ring von »Azov Films« auszuheben und die Ermittlungsergebnisse weltweit an die jeweils zuständigen Behörden zu übermitteln. Ende 2013 dann präsentierten die Kanadier ihren Erfolg bei einer Pressekonferenz. In Deutschland schlugen die Wogen hoch, denn sowohl der SPD-Politiker Edathy wie auch der Bundesvorsitzende der Katholischen Arbeitnehmer-Bewegung, Georg Hupfauer und ein hoher Beamter des Bundeskriminalamtes wurden als Kunden dieses Netzwerkes identifiziert. 45 Terabyte Daten, das entspricht 30 000 (in Worten dreißigtausend) komprimierten Kinofilmen, wurden sichergestellt. 386 Kinder wurden gerettet und 341 Menschen festgenommen.

»Sweetie«

Die digitale Vernetzung erschafft längst auch neuen Missbrauch. Ende 2013 erklärte uns »terre des hommes« Niederlande mit »Sweetie«, was wir unter dem Begriff »Webcam Kindersextourismus« zu verstehen haben: Männer, die aus ihrem gemütlichen Zuhause per Webcam auf Kinder in den Philippinen zugreifen – und sie online gegen Bezahlung missbrauchen. Sie führen Regie. Vor der Kamera lassen sie die Kinder sich entkleiden, räkeln, sich selbst berühren, während sie zu Hause sitzen und sich dabei befriedigen. Binnen zwei Monaten nahmen 20000 Pädokriminelle Kontakt mit »Sweetie«, einem vermeintlich zehn Jahre alten philippinischen Mädchen auf. Sie wussten nicht, dass »Sweetie« ein Avatar von »terre des hommes« Niederlande war.

Nach den Enthüllungen gab es einen weltweiten kurzen Aufschrei. Mehr aber auch erst mal nicht.

Was tun, wenn ich auf kinderpornografisches Material stoße?

Sollten Sie im Internet Inhalte entdecken, die Ihnen verdächtig vorkommen oder auch eindeutig sexuelle, missbräuchliche Handlungen an Kindern abbilden, setzen Sie sich sofort mit der Polizei oder dem zuständigen Landeskriminalamt in Verbindung. Oder melden Sie die Seite über eine der Meldestellen im Internet. Am besten schreiben Sie sich die vollständige Internetadresse auf und machen einen Screenshot (also eine Bildschirmaufnahme) von den fraglichen Inhalten.

Recherchieren Sie auf keinen Fall auf eigene Faust – dadurch machen Sie sich unter Umständen selbst strafbar. Wenn Sie eine Internetseite aufrufen, werden alle Daten, auch Bilder, in einem temporären Speicher auf Ihrem Rechner abgelegt. Dadurch sind Sie im Zweifelsfall selbst im Besitz kinderpornografischer Aufnahmen und das ist ein Straftatbestand. Die Suche nach solchem Material ist allein Aufgabe der zuständigen Behörden.

Es gibt im Internet einige Seiten, über die man Material, das Verbrechen an Kindern zeigt, melden kann:

- Freiwillige Selbstkontrolle Multimedia-Dienstanbieter (FSM):
  www.fsm.de/de/Beschwerdeformular
- Verband der deutschen Internetwirtschaft e. V. (eco):
  www.eco.de/services/2192.htm
- Internet-Beschwerdestelle:
  www.internet-beschwerdestelle.de
- Jugendschutz.net:
  www.jugendschutz.net/hotline/index.html

Weitere (polizeiliche) Meldestellen finden Sie im Anhang.

Kapitel 9
Schutz vor Cybergrooming

Im Fall der Kinder- und Jugendpornografie und deren Verbreitung übers Internet sind, wie ich in Kapitel 8 geschildert habe, die Straftatbestände im Gesetz klar erfasst. Es gibt konkrete juristische Grundlagen für die Strafverfolgung, auch wenn sich diese oft schwierig gestaltet. Aber wie sieht es beim Cybergrooming aus? Obwohl das Thema inzwischen glücklicherweise stärker ins öffentliche Bewusstsein gerückt ist, hört man nach wie vor wenig über Prozesse wegen Cybergrooming. In die Nachrichten schaffen es in der Regel nur die Fälle, in denen eine Internetbekanntschaft zu einem Verbrechen in der Offline-Welt geführt hat.

Tatsächlich kommen Täter, die Kinder und Jugendliche online belästigen, immer noch häufig ungeschoren davon. Woran liegt das? Ist es ein Versagen der Rechtsprechung? Der Polizei? Der Betreiber von Internetportalen? Ich würde sagen: Es kommen verschiedene Faktoren zusammen. Cybergrooming ist nicht ganz einfach zu definieren und stellt Politik, Ermittler und Justiz vor ganz neue Herausforderungen. Internationale Standards zum Vorgehen gegen Cybergrooming gibt es bislang nicht. Obwohl vonseiten der EU bereits einige Vorschläge für Richtlinien erarbeitet wurden, ist die Umsetzung in verbindliches nationales Recht oft kompliziert. Die gute Nachricht: Rein theoretisch ist es in Deutschland möglich, juristisch gegen Cybergrooming vorzugehen. Die schlechte Nachricht: In der Praxis gestaltet sich die Strafverfolgung oft schwierig. Dafür gibt es mehrere Gründe. Sie liegen zum einen im Bereich der Begriffsdefinitionen, zum anderen auf der Ebene der Ermittlungsarbeiten.

Rechtliche Grundlagen

Juristisch fällt Cybergrooming in den Bereich des Sexualstrafrechts, das im Strafgesetzbuch (StGB) geregelt ist. Dieses behandelt die Delikte mit Sexualbezug und dient insbesondere dem Schutz der individuellen sexuellen Selbstbestimmung. Cybergrooming gilt als eine sogenannte Vorbereitungshandlung, welche unter § 176 (Sexueller Missbrauch von Kindern) Abs. 4 Nr. 3 StGB fällt. Mit diesem Absatz will der Gesetzgeber ausdrücklich die Anbahnung sexueller Kontakte mit Kindern erfassen (Hervorhebungen der Autorin):

»(4) **Mit Freiheitsstrafe von drei Monaten bis zu fünf Jahren wird bestraft, wer**

1. sexuelle Handlungen vor einem Kind vornimmt,
2. ein Kind dazu bestimmt, dass es sexuelle Handlungen vornimmt, soweit die Tat nicht nach Absatz 1 oder Absatz 2 mit Strafe bedroht ist,
3. **auf ein Kind durch Schriften (§ 11 Abs. 3) einwirkt, um es zu sexuellen Handlungen zu bringen, die es an oder vor dem Täter oder einem Dritten vornehmen oder von dem Täter oder einem Dritten an sich vornehmen lassen soll,** oder
4. auf das Kind durch Vorzeigen pornografischer Abbildungen oder Darstellungen, durch Abspielen von Tonträgern pornografischen Inhalts oder durch entsprechende Reden einwirkt.«

Jedem, der sich mit sexuellen Absichten über das Internet an Kinder heranmacht (also Mädchen und Jungen bis 14 Jahre), drohen somit drei Monate bis fünf Jahre Freiheitsstrafe – auch wenn (noch) kein tatsächlicher Sexualkontakt erfolgt ist. Das Internet ist, anders als manchmal dargestellt, kein rechtsfreier Raum. Dennoch ist umstritten, inwiefern das geltende Recht wirklich ausreicht, um Cybergrooming zu erfassen. Denn wie weist man jemandem nach, dass er mit dieser oder jener Handlung diese oder jene Absicht verfolgt hat?

Lässt sich nachweisen, dass jemand ein Kind beispielsweise ausdrücklich zu einem Sextreffen aufgefordert hat, liegt klar eine Vorbereitungshandlung vor. Ob das Kind der Aufforderung nachgekommen ist oder nicht, ist dabei nach deutschem Recht unerheblich. Aber viele Täter gehen eben gerade nicht so plump und offensiv vor, sondern erschleichen sich langsam das Vertrauen ihres Opfers. Dann kann es sehr schwierig sein, ihnen eine konkrete Absicht nachzuweisen, da sie möglicherweise nie eine explizite Aufforderung ausgesprochen haben. Vielleicht hat sogar das Opfer selbst ein Treffen oder sexuelle Handlungen vorgeschlagen, weil der Täter es dahingehend manipuliert hatte. Oder der Täter sagt, er habe das alles nur zur Abschreckung getan, um das Mädchen oder den Jungen vor den Gefahren zu warnen.

Fraglich ist des Weiteren, ob das bestehende Gesetz wirklich die Kommunikation im Internet erfasst. § 176 Abs. 4 Nr. 3 StGB ebenso wie das in §§ 184 ff. geregelte Pornografie-Strafrecht fußen auf dem Schriftbegriff. Erforderlich für den Straftatbestand Cybergrooming ist somit, dass der Täter durch Schriften auf ein Kind eingewirkt hat. Wie ich schon in Kapitel 8 festgehalten habe, zählen zu Schriften im strafrechtlichen Sinn gemäß § 11 Abs. 3 StGB auch Ton- und Bildträger, Datenspeicher, Abbildungen und andere Darstellungen. Es ist allerdings bislang nicht eindeutig geregelt, ob Nachrichten, die in Chaträumen ausgetauscht werden, oder auch SMS-Nachrichten unter diesen Schriftbegriff fallen. Ein aktueller Gesetzesentwurf (2014) will genau das ändern, denn diese Unklarheit erschwert das Vorgehen gegen Cybergrooming erheblich.

Trotz aller Schwierigkeiten und der oftmals langwierigen Debatten ist die Politik keineswegs untätig. Es gibt zahlreiche Ansätze und immer wieder neue Vorschläge, wie gegen sexuelle Belästigung von Kindern im Internet vorgegangen werden kann. Vieles ruft allerdings nicht nur Internetaktivisten, die die Freiheit im Netz in Gefahr sehen, auf den Plan, sondern auch Verfassungsschützer, wie beispielsweise im Fall der Vorratsdatenspeicherung.

Vorratsdatenspeicherung

Nehmen wir an, es konnte ein Chatgespräch sichergestellt werden, in dessen Verlauf es eindeutig zu einem Einwirken auf ein Kind mit sexuellen Absichten kam. Dann müssen die Ermittler an die Daten des Verdächtigen herankommen. Doch auch das gestaltet sich oft schwierig. Es ist ein Leichtes, sich bei einem Chat oder Internetportal unter Angabe falscher Daten anzumelden, sodass Täter auf diesem Weg nur selten identifiziert werden können.

Die meisten Internetseiten speichern allerdings die IP-Adressen der Rechner, von denen aus auf sie zugegriffen wurde. Nun ist durch eine IP-Adresse allein aber noch keine eindeutige Identifizierung möglich. Denn man bekommt jedes Mal, wenn man eine Verbindung zum Internet herstellt, eine neue IP-Adresse zugeteilt. Diese wird nicht nur bei der aufgerufenen Internetseite, sondern auch beim Provider (das ist der Internetanbieter, der die Verbindung zwischen dem Kunden und dem Internet herstellt) gespeichert. Bei den Providern sind außerdem zu Abrechnungszwecken die sogenannten Bestandsdaten der Kunden (Name, Adresse etc.) hinterlegt. Wurde nun ein problematischer Chatverlauf festgestellt und Strafanzeige gestellt, können die Ermittler vom Betreiber des Chatportals die IP-Adressen für den fraglichen Zeitraum bekommen. Diese müssen sie dann mit den bei den Providern gespeicherten IP-Adressen abgleichen und können so an die Daten des Täters gelangen. Sie müssen sich allerdings beeilen, denn die Provider speichern die Daten in der Regel nur für wenige Tage.

Von 2008 bis 2010 gab es in Deutschland ein Gesetz, das die sogenannte Vorratsdatenspeicherung erlaubte. Diese sollte in erster Linie als Instrument zur Terrorismusbekämpfung dienen, aber auch die Ermittlung gegen andere Straftaten wie organisierte Kriminalität oder eben Verbreitung von Kinderpornografie erleichtern. Telefon- und Internetanbieter wurden zur Speicherung sämtlicher Verbindungs- und Standortdaten ohne Anfangsverdacht oder konkrete Hinweise auf Gefahr verpflichtet. Sie mussten die Rufnummer des anrufenden wie auch des angerufenen Anschlusses sowie den Beginn und das Ende jeder Verbindung festhalten. Bei Anrufen über das Internet wurde außerdem die IP-Adresse protokolliert, und beim Surfen im Internet wurden Zugangsdaten wie IP-Adresse und Anschlusskennung (Rufnummer oder DSL-Kennung) gespeichert. Die Speicherfrist betrug mindestens sechs Monate.

Die Inhalte der Kommunikation durften allerdings nicht gespeichert werden. Eine systematische Überprüfung auf problematische Inhalte war also nicht möglich. Aber immerhin konnten die Ermittler nach einer erfolgten Strafanzeige gezielt nach den entsprechenden Daten suchen.

Vorratsdatenspeicherung war also durchaus hilfreich bei

der Aufklärung von Straftaten. Allerdings wurden natürlich auch sämtliche Verbindungsdaten von Vorgängen gespeichert, die nichts mit Verbrechen zu tun hatten. Wer hatte wann wie lange mit wem telefoniert? Wer hatte wann von welchem Rechner aus welches Internetangebot genutzt? Im März 2010 wurde das Gesetz zur Vorratsdatenspeicherung für verfassungswidrig erklärt. Alle bis dahin gesammelten Daten mussten unverzüglich gelöscht werden. Telekommunikationsanbieter dürfen seitdem nur noch diejenigen Daten speichern, die für die Abrechnung erforderlich sind. Standortdaten und E-Mail-Verbindungen gehören nicht dazu. Die Inhalte dürfen nach wie vor nur in speziellen Fällen und erst nach einer erfolgten Strafanzeige bzw. im Zuge staatsanwaltschaftlicher Ermittlungen gespeichert werden. Am 8. April 2014 erklärte der Europäische Gerichtshof auch die Richtlinie der EU zur Vorratsdatenspeicherung für ungültig, mit der Begründung, sie sei mit der »Charta der Europäischen Union« nicht vereinbar.

Für die Strafverfolgung von Cybergrooming bedeutet dies konkret: Selbst wenn sich Kinder nach dem Kontakt mit einem Täter an ihre Eltern oder andere Vertrauenspersonen wenden und diese Anzeige erstatten, sind die Chancen auf eine Strafverfolgung eher gering. Ohne Vorratsdatenspeicherung sind die Täter oft nicht zu identifizieren. Den Strafverfolgungsbehörden wird also ein wichtiger und oftmals der einzige Ermittlungsansatz verwehrt. Eine abschließende Antwort bei der Abwägung von Risiko und Nutzen der Vorratsdatenspeicherung ist noch nicht gefunden. Einige plädieren für eine strikte Umsetzung, andere stehen der Vorratsdatenspeicherung grundsätzlich skeptisch gegenüber. Ich persönlich bin der Auffassung, dass alle Maßnahmen zum Schutz von Kindern und Jugendlichen ausgeschöpft werden sollten.

Jugendschutz im Internet

Der Jugendmedienschutz-Staatsvertrag (JMStV), also der Staatsvertrag über den Schutz der Menschenwürde und den Jugendschutz in Rundfunk und Telemedien, regelt den einheitlichen Schutz von Kindern und Jugendlichen in Rundfunk und Telemedien. Dazu gehören Altersbeschränkungen für Programme, Festlegung von Sendezeiten etc. Die Einhaltung überprüfen die jeweiligen Landesmedienanstalten bzw. die Kommission für Jugendmedienschutz (KJM). Die Lesefassung des Jugendmedienschutz-Staatsvertrags finden Sie im Internet unter

www.telemedicus.info/article/1878-Lesefassung-des-Jugendmedienschutz-Staatsvertrags-2011.html.

Eine Novellierung des JMStV im Hinblick auf Kinder- und Jugendschutz im Internet scheiterte 2010 an der Komplexität des Themas und der Tatsache, dass sich Regelungen für Fernsehen, Kino und Radio natürlich nicht so ohne weiteres auf das interaktive Internet ausdehnen lassen. Es geht darum, neue Lösungen zu finden.

Jenseits der politischen und juristischen Debatte stellt sich die Frage, was beispielsweise Betreiber von Internetportalen selbst tun können, um den Nutzern eine höhere Sicherheit zu gewährleisten und vielleicht sogar zu verhindern, dass es überhaupt zu Cybergrooming kommt. Meiner Ansicht nach besteht trotz guter Ansätze im Bereich Jugendschutz noch erheblicher Verbesserungsbedarf. Ich sehe gerade bei den Anbietern von Kinderchats eine große Verantwortung. Portalbetreiber sollten eine möglichst umfassende Identifikation der Teilnehmer einfordern oder die Chats elektronisch überwachen und den Kontakt gegebenenfalls aufzeichnen. Dies könnten die Anbieter gegenüber Eltern sogar als Qualitätsmerkmal vermarkten.

Aus den zahlreichen Gesprächen, die ich mit verschiedenen Anbietern geführt habe, weiß ich allerdings: Für viele Portalbetreiber hat ihre Wettbewerbsfähigkeit Vorrang vor den Belangen des Jugendschutzes. Kaum ein Nutzer – ob mit oder ohne kriminelle Absicht – will bei der Anmeldung dem Betreiber sämtliche Daten von sich preisgeben, sondern wird im Zweifelsfall ein anderes Angebot wählen. Dazu kommt, dass das Installieren von Sicherheitsprogrammen und die Überprüfung der Nutzerdaten mit einem erheblichen personellen wie finanziellen Mehraufwand verbunden sind.

Bei vielen Chatforen und anderen Portalen spielt das Thema Jugendschutz dennoch eine wesentliche Rolle. Einige haben sich im Zuge eines Selbstverpflichtungskodexes dazu verpflichtet, in ihren Chats gewisse Schutzstandards zu gewährleisten. Manche dieser Maßnahmen sind allerdings wohl eher »kosmetischer« Natur, sollen also beispielsweise dazu dienen, Eltern zu beruhigen.

Einige Beispiele:

- Bei einem Chatanbieter gibt es einen Jugendschutztest, den jeder Nutzer unter 16 Jahren absolvieren muss und der für mögliche Gefahren sensibilisieren soll. Eine gute Idee! Das Problem ist nur: Das Alter (wie auch alle anderen Angaben) kann man in quasi allen Internetportalen leicht fälschen – und kommt so um den Test herum.
- In vielen Chats gibt es »Notruf«-Buttons, die die Nutzer anklicken können, um sofort mit einem Moderator verbunden zu werden, wenn etwas passiert, das ihnen nicht geheuer ist. Wie ich bereits in Kapitel 2 erwähnt habe, funktionieren diese Notrufsysteme aber nicht immer einwandfrei, vor allem weil nicht genügend Moderatoren zur Verfügung stehen.

- Bei einigen Portalen gibt es außerdem eine »Ignore«-Funktion, mit deren Hilfe man Nachrichten von bestimmten Nutzern blockieren kann. Eine nützliche Einrichtung. Das bedeutet aber natürlich, dass es zuerst zu einem unangenehmen Zwischenfall kommen muss, der das Kind oder den Jugendlichen dazu bewegt, einen Chatpartner zu sperren.
- In einigen Chats und auch bei anderen Portalen gibt es sogenannte Bad-word-Filter. Das sind Systeme, die die Gespräche zum Beispiel nach rechtsextremen Äußerungen oder eindeutig sexuellen, jugendgefährdenden Inhalten absuchen. Sie reagieren auf bestimmte Wörter und unterbinden Gespräche oder führen dazu, dass beispielsweise ein Video oder Gesprächsverlauf gelöscht werden muss. Der Nutzen dieser Filtersysteme ist allerdings insofern eher gering, als die Nutzer natürlich sehr kreativ und findig sind und ständig neue Möglichkeiten entwickeln, um die Filter zu umgehen. Wenn man beispielsweise weiß, dass das Wort »SEX« verboten ist, schreibt man es eben so: »S3X« – alle wissen, was gemeint ist, nur der Filter erkennt das »bad word« nicht mehr.

Es ließen sich noch weitere Beispiele finden. Worauf ich hinaus möchte, ist, dass es keinen hundertprozentigen Schutz geben kann, weder durch Justiz und Polizei noch durch die Betreiber von Internetportalen. Aber auch wenn kein optimaler Schutz möglich ist, so geht es doch darum, den bestmöglichen zu schaffen. Durch gezielte Aufklärung der Kinder, Jugendlichen und Erwachsenen sowie der Sensibilisierung für mögliche Gefahren können wir viel dazu beitragen, dass sich unsere Kinder in der digitalen Welt so kritisch wie nötig und so unbeschwert wie möglich bewegen können.

Arbeit von Innocence in Danger

Genau hier setzen einige Projekte von Innocence in Danger an. Wir führen Workshops mit Kindern und Jugendlichen durch, werten Studien aus, sprechen mit den Betreibern von Internetportalen, beraten Eltern und andere Betreuungspersonen.

Einige unserer Projekte, die gezielt der Prävention und Aufklärung dienen, finden Sie auf den folgenden Seiten.

- **Smart-User/Peer-to-Peer-Prävention:** In unserem Smart-User-Programm bringen wir Jugendlichen ab 14 Jahren bei, wie sie ihrer Schule, ihrem Verein oder Jugendzentrum, ihren Altersgenossen die Grundlagen zum sicheren Umgang mit digitalen Medien vermitteln können. Die Informationen, Tipps und Tricks werden ihnen altersgerecht durch Gruppen- und Rollenspiele vermittelt. Themen sind: »Täterstrategien«, »Think Before You Post«, »Was macht Freundschaft aus?«, »Trau deinem Gefühl«, »Was kannst du tun?« und »Eigene Grenzen«. Darüber hinaus bilden wir auch erwachsene Multiplikatoren für das »Smart User«-Projekt aus. Die so geschulten pädagogischen Fachkräfte können dann das »Smart User«-Konzept in ihrer eigenen Region weiter verbreiten.

- **Interaktive Präventionstheater für die Grundschule und die weiterführende Schule:** Mädchen und Jungen brauchen mehr als kognitive Vermittlung, um Gelerntes in ihrem Alltag umsetzen zu können. Prävention muss Kinder und Jugendliche emotional erreichen. Das kann zum Beispiel gelingen, indem sie sich die relevanten Themen in einer persönlichen Auseinandersetzung in

Form von Rollenspielen möglichst mithilfe von kreativen Medien (Musik, Fotografie, Video) aneignen. »Aletheia« – das Grundschulstück wird von Shary Reeves (»Wissen macht Aaaah«) unterstützt und Til Schweiger mischt tatkräftig bei »Offline«, dem Stück für Klassen sechs und sieben mit.

- **SPIRTO** ist ein durch das European Safer Internet Programme gefördertes Forschungsprojekt. Der Schwerpunkt liegt auf dem sogenannten Sexting, also der Möglichkeit mit digitalen Geräten wie Smartphones, sexualisierte Inhalte zu generieren und den damit verbundenen Risiken. Anhand der Forschungsergebnisse sollen Schulungsmaterialien erarbeitet werden, die in der Arbeit mit Jugendlichen und Eltern eingesetzt werden können. Damit möchten wir über das Thema informieren, Diskussionen mit Jugendlichen über die potenziellen Risiken anstoßen und wirkungsvolle Möglichkeiten zur Verbreitung der gewonnenen Erkenntnisse ermitteln. Das Projekt wird von der Universität Edinburgh in Schottland geleitet und gemeinsam mit der Universität Linköping (Schweden), Innocence in Danger e. V. (Deutschland) und dem Child Exploitation and Online Protection Centre (Großbritannien) durchgeführt.

- **Clever im Netz** – Präventions-App für Kinder von neun bis elf Jahren: Viele Kinder tragen heute das Internet bereits in ihrer Hosentasche immer bei sich. Sie lieben ihr webfähiges Smartphone – die Täter tun es auch. Deshalb haben wir gemeinsam mit axxessio die App «Clever im Netz» für Sie und Ihre Kinder gestaltet. Sie soll Ihnen helfen, clever im Internet zu werden. Die App unterstützt Sie mit Videos, Hinweisen, Antworten auf häufig gestellte

Fragen, einem ABC zu Online-Risiken und weiterführenden Informationen. Die App ist kostenlos im iTunes-Store und bei Google Play erhältlich.

- **Vorträge und Fortbildungen:** Auf zahlreichen Vorträgen oder in Fortbildungen informieren wir pädagogische Fachkräfte über alle Facetten des Themas und wie sie wiederum mit Kindern und Jugendlichen zu diesem Thema arbeiten können.

In vielen deutschen Städten und Gemeinden gibt es weitere Projekte von Initiativen, Organisationen und Fachberatungsstellen. Die Adressen einiger Anlaufstellen finden Sie im Anhang.

Kapitel 10
Tipps im Überblick

Im Internet ist alles wahr – oder auch nicht. Nichts, was ins Netz gestellt wird, wird auf seinen Wahrheitsgehalt überprüft. Und alles, was einmal drin ist, bleibt für immer im Netz. Deshalb ist es wichtig, dass Sie mit Ihren Kindern oder Ihren Schülerinnen und Schülern die Nutzung digitaler Medien und Kommunikation üben und sie gezielt auf mögliche Gefahren aufmerksam machen. Meiner Erfahrung nach findet bislang in den Elternhäusern viel zu wenig Aufklärung über Gefahren im Internet statt, und zwar egal in welcher gesellschaftlichen Schicht. Für die Studie »EU Kids Online II« wurden nicht nur Kinder, sondern auch je ein Elternteil befragt. Unter anderem ging es um die Wahrnehmung von Risiken im Internet. Viele Eltern schätzen die Gefahr, dass ihr Kind im Internet mit belastendem Material konfrontiert wird, falsch ein. Das zeigt unter anderem, dass zwischen Eltern und Kindern zu wenig Kommunikation über diese Themen stattfindet.

Die Risiken im Internet umfassen noch viel mehr als die sexualisierte Gewalt. Abzocke, Computerviren und Datenklau sind wahrscheinlich nach wie vor die bekanntesten. Kinder und Jugendliche werden aber auch immer wieder mit belastendem Material anderer Art konfrontiert: linke, rechte oder nicht politische Hassforen, gewaltverherrlichende Portale, Pro-Ana-Seiten (Ana steht für Anorexia nervosa, also Magersucht), auf denen sich junge Mädchen gegenseitig anspornen, immer weniger zu essen und möglichst dünn zu werden. Außerdem stößt man auf Beiträge, in denen es um Selbstverletzung, Drogen und Suizid geht. Ein weiteres großes und bislang noch nicht ausreichend untersuchtes Problem ist das Cyberbullying, also das Mobbing übers Internet.

Nicht nur die Eltern sind gefragt, wenn es darum geht, Kinder über die Risiken aufzuklären. Auch die Schulen müssen meines Erachtens noch wesentlich mehr Aufklärungsarbeit leisten. Es ist keine Seltenheit, dass Kinder bereits im Grundschulalter »Internet-Hausaufgaben« bekommen, zum Beispiel »Findet mal heraus, wie viele Einwohner eure Stadt hat«. Dann muss man auf jeden Fall darauf hinweisen, dass Google keine kindgerechte Suchmaschine ist. Die Masse der Ergebnisse macht es für Kinder sehr, sehr schwer zu filtern und das herauszugreifen, was für sie relevant ist. Ganz oben erscheinen oft kommerzielle Angebote und Seiten, die geschickt verschlagwortet sind, aber nicht unbedingt das bieten, wonach gesucht wurde. Sicher ist es heutzutage unerlässlich, dass schon Kinder den Umgang mit dem Medium Internet lernen. Die Lehrer und Lehrerinnen dürfen sie dabei nicht sich selbst überlassen, sondern es müssen ganz gezielt Unterrichtseinheiten vorgeschaltet werden.

Trotz aller Risiken ist das Internet ein wichtiges und nützliches Medium und es ist unerlässlich, dass Sie Ihre Kinder oder Schülerinnen und Schüler bei einem positiven und zugleich kritischen Umgang damit unterstützen. Natürlich kann es keinen hundertprozentigen Schutz geben. Alles zu kontrollieren oder den Kindern die Internetnutzung vollkommen zu verbieten wäre nicht sinnvoll. Zeigen Sie Interesse an dem, was die Kinder im Internet machen, welche Seiten sie besuchen und mit wem sie kommunizieren. Legen Sie gemeinsam Regeln fest, die zu einer höheren Sicherheit beitragen. Natürlich sind sowohl der Entwicklungsstand jedes Kindes als auch seine persönlichen Erfahrungen mit dem Internet unterschiedlich. Daher ist es schwierig, konkrete

Regeln für bestimmte Altersstufen vorzugeben. Betrachten Sie die folgenden Tipps als Orientierungshilfe. Welche Regeln für Sie und Ihr Kind infrage kommen, müssen Sie selbst entscheiden.

Tipps für Eltern

Grundregeln für sicheres Surfen

- Platzieren Sie den Computer im »öffentlichen« Raum Ihrer Wohnung, zum Beispiel im Wohnzimmer. Ein Computer mit Internetanschluss im eigenen Zimmer ist zumindest bei jüngeren Kindern nicht sinnvoll.
- Um dem Kind Privatsphäre zuzugestehen, können Sie ihm auf dem gemeinsam genutzten Rechner je nach Betriebssystem ein eigenes, eingeschränktes Benutzerkonto einrichten. So kann das Kind bestimmte Einstellungen, zum Beispiel das Hintergrundbild, selbst bestimmen, aber keine wichtigen Einstellungen verändern.
- Internetkonten (Accounts) sollten auf den Namen der Eltern laufen, damit sie den Zugang und die Passwörter kontrollieren können.
- Richten Sie für Ihr Kind ein eigenes Konto ein, in dem Sie ein Downloadlimit festlegen.
- Besuchen Sie mit Ihren jüngeren Kindern kindgerechte Webseiten und Suchmaschinen (zum Beispiel www.blinde-kuh.de, www.fragfinn.de) und treffen Sie zusammen eine Auswahl.
- Richten Sie eine solche Seite als Startseite ein.
- Bei Google können Sie die Option »sichere Suche« aktivieren, um die Wahrscheinlichkeit zu erhöhen,

dass nur Seiten mit unproblematischem Inhalt angezeigt werden.

- Lassen Sie sich von Ihren älteren Kindern die Seiten zeigen, die sie gern besuchen. Machen Sie sich mit deren Funktionsweisen vertraut, damit Sie ein kompetenter Ansprechpartner sein können.
- Informieren Sie sich über spezielle Sicherheitssoftware, die das Benutzen der Webseiten für Ihr Kind begrenzt.
- Wenn Ihr Kind ein Profil in einem sozialen Netzwerk anlegen möchte, besprechen Sie, wie es sich dort präsentiert. Schauen Sie sich gemeinsam die Privatsphären- und Sicherheitseinstellungen an.
- Für jüngere Kinder können Sie eine spezielle Kinder-E-Mail-Adresse einrichten, zum Beispiel bei www.grundschulpost.de oder www.mail4kidz.de.
- Überlegen Sie gemeinsam, ob Ihr Kind tatsächlich ein Bild von sich ins Internet stellen soll. Jedes Bild kann von jedermann kopiert und bearbeitet werden. Es gibt Täter, die gezielt nach Kinderfotos suchen, um diese dann auf bereits vorhandene kinderpornografische Darstellungen zu kopieren. Sie haben keinerlei Kontrolle über ein Bild, das einmal im Netz steht. Das gilt übrigens auch für Ihre eigenen Bilder und Familienfilme. (Denken Sie daran auch, wenn Sie die Zustimmung zur Veröffentlichung eines Bildes Ihres Kindes im Rahmen von Freizeit- oder Schulaktivitäten geben sollen.)
- Besprechen Sie, welche persönlichen Informationen Ihr Kind im Internet weitergeben darf.
- Wählen Sie mit Ihrem Kind sichere und moderierte Chatrooms aus.
- Wählen Sie mit Ihrem Kind sichere und moderierte online oder interaktive App-Spiele aus und interessieren Sie sich für das, was in dem Spiel geschieht.

- Aktivieren Sie bei Instant Messengern die höchste Sicherheitsstufe.
- Sprechen Sie mit Ihrem Kind offen über mögliche Risiken im Internet.

Mit Kindern über sexuelle Gewalt sprechen

Es ist wichtig, Kinder auf positive Art aufzuklären. Kinder und Jugendliche müssen eine Sprache an die Hand bekommen, die es ihnen erlaubt, auch schwierige Dinge zu benennen. Vage Umschreibungen sind nicht besonders hilfreich und führen eher zu Verwirrung und noch mehr Scham. Hier finden Sie einige Beispiele, die Sie als Richtschnur für eine solche Unterhaltung mit Ihrem Kind, Ihrem Enkelkind, Ihrer Schülerin oder Ihrem Schüler nutzen können:

- Kein Mensch darf dich gegen deinen Willen anfassen oder gar küssen!
- Niemand darf dir mit Worten oder Taten wehtun oder Angst machen.
- Es gibt Erwachsene oder ältere Jugendliche, die wollen, dass Kinder zum Beispiel ihren Penis oder ihre Vagina anschauen oder anfassen. Es ist ihnen egal, dass Mädchen und Jungen das nicht mögen oder eklig finden. Oft sagen sie, dass es ein Geheimnis ist und vielleicht schlimme Dinge passieren, wenn es erzählt wird. Das stimmt nicht! So etwas darf jedes Mädchen und jeder Junge immer erzählen.
- Du darfst alles tun, um dich zu schützen! Du darfst Nein sagen, schreien, hauen, weglaufen, es weitersagen, … alles, was dir einfällt, ist erlaubt!
- Du darfst immer erzählen, wenn jemand dir wehgetan oder deine Gefühle verletzt hat. Es tut sehr gut, mit

einem Erwachsenen, dem du vertraust, darüber zu sprechen. Probiere es aus, auch wenn du dich vielleicht schämst oder Angst hast. Meistens geht es dir danach besser.
- Es ist gar nicht immer so einfach, sich selbst zu schützen. Wenn es nicht geht, ist das nicht deine Schuld!
- Sollte dir nicht geglaubt werden, gib nicht auf! Du wirst sicher jemanden finden, der dir zuhört und hilft.

Wenn Sie einen Verdacht auf Cybergrooming haben

- Besprechen Sie mit Ihrem Kind, wie es sich verhalten kann, wenn es unangenehme Dinge im Internet erlebt.
- Zeigen Sie ihm, wie es den Monitor ausschalten kann, wenn es Bilder sieht, die es unangenehm berühren. Lassen Sie sich diese Bilder zeigen. Melden Sie das entweder online oder setzen Sie sich gegebenenfalls mit der örtlichen Polizei in Verbindung.
- Wenn Ihr Kind Ihnen Nachrichten, Bilder oder Filme mit eindeutig sexualisiertem Inhalt zeigt, speichern Sie diese Nachrichten. Sie sind wichtige Beweismittel.
- Machen Sie Screenshots (also Bildschirmaufnahmen) von eindeutigen Chatverläufen.
- Melden Sie die Fälle der Polizei, dem zuständigen Landeskriminalamt oder wenden Sie sich an eine Meldestelle im Internet (Adressen finden Sie im Anhang).
- Recherchieren Sie nicht auf eigene Faust, spielen Sie nicht den Lockvogel oder Ähnliches!

Die folgenden Tipps sind speziell für Kinder und Jugendliche gedacht. Geben Sie Ihrem Kind diese Auszüge zu lesen oder nutzen Sie die Formulierungen als Gesprächsgrundlage.

Tipps für Kinder und Jugendliche

Überleg Dir genau, was Du mitteilen willst

- Gib nicht leichtfertig Deine Adresse, Handynummer, E-Mail-Adresse oder die Anschrift Deiner Schule weiter.
- Leg Dir einen Fantasienamen zu, der nichts über Dich verrät, auch nicht Dein Alter.
- Überleg Dir ganz genau, was Du über Dein Leben mitteilen willst. Denk darüber nach, was Du zum Beispiel peinlich fändest, wenn es in falsche Hände gerät.
- Gib niemals Dein Passwort weiter, auch nicht Deinem besten Freund / Deiner besten Freundin.
- Sprich nicht über Geld und gib keine Konto- oder Kreditkartennummern weiter.
- Gib keine E-Mail-Adressen, Telefonnummern oder andere Informationen über Eltern, Geschwister, Freundinnen oder Freunde, Klassenkameraden etc. weiter, ohne sie vorher gefragt zu haben.

Überleg Dir gut, wie »attraktiv« Du Dich im Internet zeigen willst

- Gestalte Dein Profil in sozialen Netzwerken wie Facebook nicht zu »attraktiv«. Fotos, auf denen Du besonders sexy und aufreizend wirkst, ziehen vielleicht Menschen an, die Du nicht kennenlernen willst.
- Überlege genau, wem Du ein Bild von Dir schickst und wie Du Dich darauf präsentierst.
- Du solltest keine Bilder von jemandem online stellen, ohne ihn / sie gefragt zu haben. Auch nicht von Deiner Schwester oder Deiner Freundin / Deinem Freund.

- Bilder, die einmal im Internet stehen, können von jedem User gefunden und weiterverwendet werden. Du hast keine Kontrolle mehr darüber!

Wenn Du Daten herunterladen oder versenden willst

- Sei vorsichtig, wenn Du Dateien herunterlädst oder Bilder öffnest. Manche Bilder sind so extrem, dass Du sie nicht sehen willst.
- Wenn Du mit Freunden oder Freundinnen zusammen im Internet surfst, lass Dich nicht verleiten, etwas zu tun, was Du allein nicht tun würdest.
- Leite keine (E-Mail-)Adressen Deiner Freundin oder Deines Freundes weiter, ohne sie gefragt zu haben.
- Durch Filesharing oder kostenfreies Herunterladen von Daten können (pornografische) Dateien auf Deinen Computer geraten, die man nicht so leicht wieder löschen kann. Jede pornografische Darstellung mit Kindern ist verboten und kann Dich in ernste Schwierigkeiten bringen.

Wenn Du Dich mit einer Person treffen willst

- Mach Dir klar, dass jemand, den Du im Internet »getroffen« hast, noch längst nicht Dein Freund oder Deine Freundin sein muss. Freundschaft braucht oft Zeit!
- Wenn Du eine Online-Freundschaft aufgebaut hast und Dich mit ihm oder ihr treffen möchtest, mach Dir klar, dass Du vielleicht eine Überraschung erlebst. Eine schöne oder eine sehr unschöne. Man weiß eben leider nicht so ganz genau, mit wem man sich in Wirklichkeit online eingelassen hat.
- Triff Dich nicht allein mit jemandem, den Du im Internet kennengelernt hast. Nimm beim ersten Treffen am besten

eine erwachsene Person mit. Es reicht nicht immer, wenn ein Freund oder eine Freundin dabei ist.

- Such für das Treffen einen öffentlichen Ort, zum Beispiel ein Café oder das Jugendzentrum aus (und nimm Dein aufgeladenes Handy mit).
- Sag Deinen Eltern oder erwachsenen Vertrauensperson, wohin Du gehst und mit wem Du Dich triffst.

Warnsignale erkennen

Manche Menschen wollen Dir wehtun, Dich für ihre eigenen Interessen benutzen. Es kann sein, dass sie sehr raffiniert vorgehen und es schwierig für Dich ist, ihre wahren Absichten zu erkennen. Du solltest misstrauisch werden, wenn jemand …

- den Du nicht kennst, sich auffällig um Deine Sorgen kümmert,
- Dir übertriebene Komplimente macht,
- hauptsächlich über Dein Aussehen oder Deinen Körper reden will,
- über Sex spricht, sexuelle Dinge von sich erzählt oder nach Deinen sexuellen Erfahrungen fragt,
- dir großzügige Geschenke anbietet oder versucht, Dich zu verführen,
- Dir Angebote macht, die sich einfach zu gut anhören, zum Beispiel dass Du in einem Film mitspielen kannst, als Model arbeiten, dass jemand Dir ganz billig Superturnschuhe besorgt oder Ähnliches,
- Dich zu irgendetwas überreden oder gar zwingen will oder versucht, Dich zu erpressen,
- Dich gegen Deine Eltern oder andere Menschen aufhetzen will.

Hilfe bei unangenehmen Erlebnissen im Chat

Wenn Du in einem Chat (in einem sozialen Netzwerk, einem Online-Spiel, bei WhatsApp etc.) etwas erlebst, was Dir komisch vorkommt, Dir peinlich ist, Dich ängstigt oder belastet, solltest Du auf jeden Fall mit einer erwachsenen Person Deines Vertrauen darüber sprechen. Mit Deinen Eltern, Großeltern, Tante, Onkel, einem Lehrer, Trainer etc. Außerdem kannst Du jederzeit:

- dem anderen deutlich sagen, dass er oder sie aufhören soll, Dich zu belästigen, und dass Du ihn oder sie anzeigen wirst,
- den Chatpartner wegklicken und auf die »Ignore-Liste« setzen,
- den Hilfe- oder Notruf-Button anklicken, um dem Moderator des Chats von diesen Erlebnisse zu berichten,
- den Chat verlassen.

Internetabkommen zwischen Eltern und Kindern

Zum Schluss wende ich mich noch einmal an alle Beteiligten: sowohl an Eltern, Großeltern und Lehrer als auch an Kinder und Jugendliche. Ich halte es für sinnvoll, dass alle gemeinsam bestimmte Regeln aufstellen und diese schriftlich festhalten. Wenn Sie mehrere Kinder haben, sollten Sie individuelle Abkommen vereinbaren. Die folgenden Formulierungen sind als Vorschlag zu verstehen und können eine gute Grundlage für Gespräche über die Internetnutzung darstellen.

Regeln für Kinder und Jugendliche

- Meine Eltern und ich legen gemeinsam Internetregeln fest. Sie beinhalten zum Beispiel, an welchen Tagen und wie lange ich im Internet sein darf, welche Seiten und Chaträume ich besuche und wann ich mich an eine erwachsene Person meines Vertrauens wende.
- Ich mache meinen Computer aus, wenn mich im Internet irgendetwas verängstigt, verunsichert oder belastet. Ich erzähle meinen Eltern oder einer anderen Person meines Vertrauens davon und zeige es ihnen.
- Ich erzähle meinen Eltern oder einer erwachsenen Vertrauensperson, wenn ich online nach meinem Namen, meiner Adresse oder dem Namen und der Anschrift meiner Schule gefragt werde.
- Ich gebe niemandem im Internet meine Adresse, Handynummer oder die Anschrift meiner Schule, ehe ich mit meinen Eltern oder anderen Vertrauensperson darüber gesprochen habe.
- Ich erzähle es meinen Eltern oder einer erwachsenen Vertrauensperson, wenn sich jemand mit mir treffen will, den ich bisher nur online kenne.
- Ich treffe mich nicht allein mit einer Online-Bekanntschaft.
- Ich lade ohne Absprache nichts herunter, was man mir zuschickt, denn in diesen Dateien könnten Viren oder strafbare Inhalte stecken.
- Ich nehme ohne Absprache an keinem Online-Gewinnspiel teil und kaufe auch nichts im Internet.
- Ich leite keine Kettenbriefe weiter, antworte nicht auf Spam-Mails und lösche E-Mails mit unbekanntem Absender.
- Ich öffne keine Dateianhänge von unbekannten Absendern.

- Ich antworte nie auf eine E-Mail, die mich beunruhigt, verunsichert oder ängstigt. Ich leite solche E-Mails auch nicht weiter, sondern spreche mit meinen Eltern oder einer Vertrauensperson darüber.
- Ich begegne anderen Personen im Chat mit Höflichkeit und Respekt.

Regeln für Eltern, Großeltern und andere Betreuungspersonen

- Meine Eltern/Großeltern etc. informieren sich über die Funktionsweise des Internets und lassen mich ihnen auch Dinge zeigen und erklären.
- Meine Eltern lesen meine E-Mails oder Chatprotokolle nicht, ohne mich zu fragen.
- Meine Eltern spionieren mir online nicht hinterher. Wenn sie etwas wissen wollen, fragen sie mich.
- Meine Eltern schauen mir nicht ständig über die Schulter, wenn ich im Internet bin.
- Meine Eltern sehen sich mit mir zusammen die Spiele und Seiten an, die mich interessieren, und sagen nicht einfach so »Nein« dazu.
- Meine Eltern chatten nicht heimlich unter meinem Namen mit meinen Freunden, wenn zum Beispiel zufällig der Instant Messenger aktiviert ist, während sie am Rechner sitzen.
- Meine Eltern stellen keine Bilder oder Filme von unserer Familie ins Netz, ohne vorher alle zu fragen, ob sie damit einverstanden sind.
- Meine Eltern schimpfen nicht mit mir, wenn ich ihnen eine Internetseite zeige, die mich beunruhigt oder Angst macht.

- Meine Eltern helfen mir, herauszufinden, wie vertrauenswürdig eine Internetseite ist und wem sie gehört.
- Meine Eltern helfen mir, herauszufinden, welche Internetseiten für mich geeignet sind.
- Meine Eltern sorgen dafür, dass ich nicht so viele Spam-Mails erhalte, indem sie entsprechende Filter installieren.
- Meine Eltern sind dafür zuständig, regelmäßig das Antivirenprogramm zu aktualisieren. Außerdem laden sie Updates der wichtigen Programme herunter.
- Wenn sich der Rechner aufhängt oder zum Beispiel eine Fehlermeldung erscheint, schimpfen meine Eltern nicht, sondern helfen mir, das Problem zu beheben.
- Meine Eltern ändern die Internetregeln nicht einfach, sondern sprechen mit mir darüber und erklären mir, warum sie welche Vereinbarung ändern wollen.
- Das Internetabkommen ist für mich und für meine Eltern verbindlich, das heißt, wir müssen uns alle daran halten.

Regeln für das Smartphone

- Es werden für alle Familienmitglieder Smartphone-freie Zeiten festgelegt. Z. B. werden alle Geräte während der gemeinsamen Mahlzeiten weit weg vom Tisch platziert und auf lautlos gestellt.
- Es werden verbindliche Zeitrahmen festgelegt: z. B. morgens wird das Gerät erst nach dem Frühstück aktiviert.
- Nachts werden die Geräte ausgeschaltet oder aber mindestens im »Lautlos Modus« außerhalb des Schlafzimmers platziert.

- Fotos vom Smartphone werden nur bei ausgeschalter Ortung in soziale Netzwerke hochgeladen. Ist die Ortung aktiviert, sieht jeder wo ich mich gerade aufhalte.
- Ich zeige meinen Eltern neue Apps und Spiele.
- Meine Eltern kommen ihrer ganz normalen Verantwortung nach und schauen ab und zu gemeinsam mit mir in mein Smartphone.

Anhang

Bitte beachten Sie, dass sich das Angebot im Internet ständig verändert und erweitert. Die Online-Beratungsstellen und Info-Portale, die ich im Folgenden nenne, entsprechen dem Stand September 2014.

Beratungsstellen

Allgemeine Beratungsstellen

- Bundesarbeitsgemeinschaft Landesjugendämter
  Dort erfahren Sie unter anderem die Kontaktdaten der jeweiligen Landesjugendämter, die z. B. für die Heimaufsicht zuständig sind.
  Postfach 29664, 55019 Mainz
  Tel.: 061 31/967-1 62, Fax: 061 31/967-1 21 62
  E-Mail: bagljae@lsjv.rlp.de
  www.bagljae.de

- Bundeskonferenz für Erziehungsberatung e. V.
  Fachverband für Erziehungs-, Familien- und Jugendberatung
  Hernstraße 53, 90763 Fürth
  Tel.: 09 11/977 14-0, Fax: 09 11/745497
  E-Mail: bke@bke.de
  www.bke.de

Speziell für Jugendliche: www.bke-Jugendberatung.de
Speziell für Eltern: www.bke-Elternberatung.de

- Pro Familia – Deutsche Gesellschaft für Familienplanung, Sexualpädagogik und Sexualberatung e. V.
  Stresemannallee 3, 60596 Frankfurt/Main
  Tel.: 069/63 90 02, Fax: 069/63 98 52
  E-Mail: info@profamilia.de
  www.profamilia.de
  Online-Beratung: https://profamilia.sextra.de

- Weisser Ring e. V.
  Bundesweite Hilfsorganisation für Kriminalitätsopfer
  Weberstraße 16, 55130 Mainz
  Tel.: 061 31/83 03-0, Fax: 061 31/83 03-45
  E-Mail: info@weisser-ring.de
  www.weisser-ring.de
  Bundesweites kostenfreies Opfertelefon: 116 006

Spezialisierte Beratungsstellen

- Hilfeportal Missbrauch des unabhängigen Beauftragten zu Fragen des sexuellen Kindesmissbrauchs.
  Unter www.hilfeportal-missbrauch.de können Sie sich ausführlich informieren und vor allem leicht Beratungsstellen in Ihrer Nähe ausfindig machen.
  Für alle, die lieber telefonieren statt surfen bietet das Hilfetelefon gegen sexuellen Missbrauch (unter der Leitung von N.I.N.A. e. V.) kostenlose anonyme Beratung: 0800/22 555 30

- Bundesverband Frauenberatungsstellen und Frauennotrufe
  Frauen gegen Gewalt e. V.
  Rungestraße 22–24, 10179 Berlin
  Tel.: 030/32 29 95 00, Fax: 030/32 29 95 01
  E-Mail: info@bv-bff.de
  www.bv-bff.de oder www.frauen-gegen-gewalt.de

- Deutscher Kinderschutzbund e. V.
  Schöneberger Straße 15, 10963 Berlin
  Tel.: 030/2 14 80 90, Fax: 030/21 48 09 99
  E-Mail: info@dksb.de
  www.dksb.de

- Innocence in Danger e. V.
  Verein zur Aufklärung sowie Förderung von Präventions- und Interventionsprojekten gegen sexuellen Missbrauch von Kindern und Jugendlichen
  Holtzendorffstraße 3, 14057 Berlin
  Tel.: 030/33 00 75 38, Fax: 030/33 00 75 48
  E-Mail: info@innocenceindanger.de
  www.innocenceindanger.de

- Kinderschutz-Zentren
  Beratungsstellen für Familien, speziell bei körperlicher und seelischer Kindesmisshandlung, Kindesvernachlässigung und sexuellem Missbrauch. Dort erhalten Sie auch die Kontaktdaten der Kinderschutz-Zentren in Ihrer Nähe.
  Bundesarbeitsgemeinschaft der Kinderschutz-Zentren
  Bonner Straße 145, 50968 Köln
  Tel.: 02 21/56 97 53, Fax: 02 21/5 69 75 50
  E-Mail: die@kinderschutz-zentren.org
  www.kinderschutz-zentren.org

- naiin – no abuse in internet e. V.
  Nichtregierungsorganisation, die sich weltweit gegen Online-Kriminalität sowie für einen verbesserten Verbraucher- und Datenschutz im Internet einsetzt
  Köpenicker Straße 48/49 G, 10179 Berlin
  Tel.: 030/200951330, Fax: 030/200951400
  E-Mail: de.kontakt@naiin.org
  www.naiin.org

- N.I.N.A. e. V.
  Nationale Infoline zu sexueller Gewalt an Mädchen und Jungen
  Dänische Straße 3–5, 24103 Kiel
  E-Mail: mail@nina-info.de
  N.I.N.A. steht für NATIONALE INFOLINE NETZWERK und ANLAUFSTELLE und leitet das »Hilfetelefon«. Außerhalb der Telefonzeiten besteht die Möglichkeit, unter mail@nina-info.de Fragen an das N.I.N.A. Team zu stellen.
  www.nina-info.de

- Nummer gegen Kummer e. V.
  Dachorganisation des größten kostenfreien telefonischen Beratungsangebots für Kinder, Jugendliche und Eltern
  Kleiner Werth 34, 42275 Wuppertal
  Tel.: 0202/259059-0, Fax: 0202/259059-19
  E-Mail: info@nummergegenkummer.de
  www.nummergegenkummer.de
  Kinder- und Jugendtelefon: 0800/1110333
  Elterntelefon: 0800/1110550

- Strohhalm e. V.
  Fachstelle für Prävention von sexuellem Missbrauch an

Mädchen und Jungen
Luckauer Straße 2, 10969 Berlin
Tel.: 030/6141829, Fax: 030/61401725
E-Mail: info@strohhalm-ev.de
www.strohhalm-ev.de

- Wildwasser.de
Internetseite mit zahlreichen Adressen von Beratungsstellen für Frauen und Mädchen, die von sexuellem Missbrauch betroffen sind. Betreiber der Webseite ist
Wildwasser Kreis Groß-Gerau e. V.
Verein gegen sexuellen Missbrauch
Darmstädter Straße 101, 65428 Rüsselsheim
Tel.: 06142/965760
E-Mail: info@wildwasser.de
www.wildwasser.de

- www.save-me-online.de
Online-Anlaufstelle für Jugendliche, die online sexualisierte Gewalt erleben:
Betreiber der Webseite ist
N.I.N.A. e.V.

Online-Informationen zum sicheren Umgang mit Computer und Internet

- www.fragfinn.de
- www.ichimnetz.de
- www.internet-abc.de
- www.jugendinfo.de
- www.jugendschutz.net
- www.klicksafe.de
- www.klick-tipps.net

- www.netzcheckers.de
- www.surfen-ohne-risiko.net
- www.watchyourweb.de

Sichere Suchmaschinen, Chaträume und Software

- www.blindekuh.de
- www.helles-koepfchen.de

Informationen speziell zu Chat- und Handynutzung

- www.chatgewalt.de
- www.chatten-ohne-risiko.net
- www.handysektor.de

Informationen zur rechtlichen Lage

- Bundesministerium der Justiz und für Verbraucherschutz
  Mohrenstraße 37
  11015 Berlin
  Tel.: 030/18 58 00
  Fax: 030/18 58 09 046
  E-Mail: poststelle@bmj.bund.de
  www.bmjv.bund.de

- Bundesrecht im Netz
  www.gesetze-im-internet.de

- Deutscher Juristinnenbund e. V.
  Der deutsche Juristinnenbund kann Juristinnen mit besonderen Kenntnissen zu Sexualdelikten in den Bundesländern empfehlen.
  Bundesgeschäftsstelle
  Anklamer Straße 38
  10115 Berlin
  Tel.: 030/44 32 700
  Fax: 030/44 32 70 22
  E-Mail: geschaeftsstelle@djb.de
  www.djb.de

Beschwerde- und Meldestellen

Beschwerdestellen

- Internet-Beschwerdestelle für Deutschland: www.internet-beschwerdestelle.de
- Beschwerdestelle von jugendschutz.net: www.jugendschutz.net/hotline/index.html
- Freiwillige Selbstkontrolle Multimedia-Dienstanbieter (FSM): www.fsm.de/Beschwerdeformular
- Verband der deutschen Internetwirtschaft e. V. (eco): www.eco.de/services

Online-Meldestellen der Landeskriminalämter (kinderpornografisches Material)

- Baden-Württemberg: flz@lka.bwl.de
- Bayern: blka@polizei.bayern.de
- Berlin: lka@polizei.berlin.de

- Brandenburg: dauerdienst.lka@polizei.brandenburg.de
- Bremen: office@polizei.bremen.de
- Hamburg: p-lka-hinweise-rechts@bfi-pol.hamburg.de
- Hessen: kdd.hlka@t-online.de
- Mecklenburg-Vorpommern: www.polizei.mvnet.de/cms2/Polizei_prod/Polizei/de/start/_Informationen/Internetwache/index.jsp
- Niedersachsen: www.onlinewache.polizei.niedersachsen.de
- Nordrhein-Westfalen: http://www.polizei-nrw.de/artikel__61.html bzw. anzeigen@polizei.nrw.de oder hinweise@polizei.nrw.de
- Rheinland-Pfalz: landeskriminalamt.fahndung@polizei.rlp.de
- Saarland: lka211@slpol.de
- Sachsen: lka.sachsen@t-online.de
- Sachsen-Anhalt: anzeigen.hinweise@lka.pol.lsa-net.de
- Schleswig-Holstein: https://www.polizei.schleswig-holstein.de/internet/DE/Service/Onlinewache/onlinewache.html
- Thüringen: www.polizei.thueringen.de/lka/cop/start_d.html

Auch die örtlichen Polizeidienststellen nehmen Meldungen entgegen. Achten Sie darauf, die Meldung beim Kommissariat für Straftaten gegen die sexuelle Selbstbestimmung einzureichen, da die Beamtinnen und Beamten auf das Thema spezialisiert sind.

Literaturhinweise

Für Kinder

Vollmer, Britta. Hände weg von Han Schu. Medienkombination mit Begleitmaterial und Audio-CD. Verlag mebes & noack, 2009.

Geisler, Dagmar. Mein Körper gehört mir! Loewe: Bindlach, 2002.

Blattmann, Sonja. Ich bin doch keine Zuckermaus. Neinsagegeschichten und Lieder mit CD. Verlag mebes & noack, 2003.

Braun, Gisela und Wolters, Dorothee. Das große und das kleine Nein. Mühlheim an der Ruhr: Verlag an der Ruhr, 1991.

Braun, Gisela und Wolters, Dorothee. Melanie und Tante Knuddel. Verlag mebes & noack, 2004.

Keune-Sekula, Lydia/ Becker, Franziska (Hrsg.). Der Kummerkönig. Bilderbuch mit Ratgeber für alle, die sich um Kinder-Kummer kümmern. Wendepunkt e. V. Elmshorn, Verlag mebes & noack; 2011.

Mebes, Marion. Katrins Geheimnis. Eine Geschichte über sexuelle Übergriffe unter Geschwistern. Verlag mebes & noack, 2009.

Für Jugendliche

Weber, Annette. Im Chat war er noch so süß. Verlag an der Ruhr, 2006.

Blobel, Brigitte. Falsche Freundschaft. Gefahr aus dem Internet. Arena Verlag, 2007.

Buschendorff, Florian. Geil, das peinliche Foto stellen wir online! Verlag an der Ruhr, 2010.

Clay, Susanne. CYPERMOB. Mobbing im Internet. Arena Verlag, 2010.

Cazemier, Caja. Riskanter Chat. Arena Verlag, 2008.

Kaster, Armin. Im Netz gewinn ich jeden Fight. Verlag an der Ruhr, 2009.

Kaster, Armin. Ich hab schon über 500 Freunde! Verlag an der Ruhr, 2012.

Szillat, Antje. Alice im Netz. Das Internet vergisst nie. Edition zweihorn, 2010.

Szillat, Antje. Rache @. Edition zweihorn, 2013.

Wahldén, Christina. Kurzer Rock. Frankfurt/Main: Fischer, 2009.

Vreeswijk, Helen. Chatroom-Falle. Bindlach: Loewe, 2009.

Medienprojekt Wuppertal e. V., Internetkommunikation. Zwei Dokumentationen über die Internetnutzung von Jugendlichen. DVD, 75 Min. Wuppertal, 2011.

Für Eltern und pädagogische Fachkräfte

Blattmann, Sonja / Mebes, Marion (Hrsg.): Nur die Liebe fehlt ...? Jugend zwischen Blümchensex und Hardcore. Sexuelle Bildung als Prävention. Köln: Mebes & Noack, 2010.

Bundesministerium für Familie, Senioren, Frauen und Jugend Berlin: Ein Netz für Kinder. Surfen ohne Risiko? Ein praktischer Leitfaden für Eltern und Pädagogen. Berlin, 2007.

Buschendorff, Florian: K.L.A.R.-Literatur-Kartei: Geil, das peinliche Foto stellen wir online. Mülheim an der Ruhr: Verlag an der Ruhr, 2010.

Feil, Christine / Decker, Regina / Gieger, Christoph: Wie entdecken Kinder das Internet? Beobachtungen bei 5- bis 12-jährigen Kindern. Wiesbaden: VS Verlag, 2004.

Freund, Ulli / Riedel-Breidenstein, Dagmar: Sexuelle Übergriffe unter Kindern. Handbuch Prävention und Intervention. Köln: Mebes & Noack, 2006.

Gutknecht, Sebastian: Gewalt auf Handys. Informationen für Schule, Jugendhilfe und Eltern. Köln: Arbeitsgemeinschaft Kinder- und Jugendschutz (AJS), Landesstelle NRW e. V., 2007.

Guttenberg, Stephanie zu / Ustorf, Anne-Ev / Ziercke, Jörg: Schaut nicht weg! Was wir gegen sexuellen Missbrauch tun müssen. Freiburg: Kreuz, 2010.

Innocence in Danger e. V. / Mebes, Marion (Hrsg.): Mit einem Klick zum nächsten Kick. Aggression und sexuelle Gewalt im Cyberspace. Köln: Mebes & Noack, 2007.

Kerger-Ladleif, Carmen: Kinder beschützen! Sexueller Missbrauch – eine Orientierung für Mütter und Väter. Köln: Mebes & Noack, 2011.

Kohlhofer, Birgit / Neu, Regina: E.R.N.S.T. machen. Sexuelle Gewalt unter Jugendlichen verhindern. Ein pädagogisches Handbuch. Köln: Mebes & Noack, 2008.

Landesanstalt für Medien Nordrhein-Westfalen: Knowhow für junge User. Mehr Sicherheit mit dem WorldWideWeb. Materialien für den Unterricht. Düsseldorf, 2008.

Mertes, Klaus. Verlorenes Vertrauen. Katholisch sein in der Krise. Freiburg: Verlag Herder, 2013.

Rat für Kriminalitätsverhütung in Schleswig-Holstein: Happy Slapping und mehr ... Brutale, menschenverachtende oder beleidigende Bilder auf Handys. Kiel, 2007. (Auch als Download über die Internetseite des Innenministeriums Schleswig-Holstein, www.schleswig-holstein.de/IM › Innere Sicherheit › Broschüren)

Trenz, Carmen / AJS NRW e. V.: Cybermobbing. Information für Eltern und Fachkräfte. Köln, 2010.

Wissenschaftliche Literatur und Referenzen

Bange, Dirk: Eltern von sexuell missbrauchten Kindern. Reaktionen, psychosoziale Folgen und Möglichkeiten der Hilfe. Göttingen: Hogrefe 2011.

Bauernschuster, Stefan / Falck, Oliver / Wößmann, Ludger: The Internet and Social Capital: Quasi-Experimental Evidence from an Unforeseeable Technological Mistake. München: ifo Institut für Wirtschaftsforschung an der Universität München, 2010.

Beier, Klaus M. / Neutze, Janina. Das neue »Präventionsprojekt Kinderpornografie« (PPK): Erweiterung des Berliner Ansatzes zur therapeutischen Primärprävention von sexuellem Kindesmissbrauch im Dunkelfeld. Sexuologie 16, 2009, Nr. 1–2, S. 66–74.

Bundeskriminalamt Wiesbaden: Polizeiliche Kriminalstatistik 2009 Bundesrepublik Deutschland. Wiesbaden, 2010.

Bundeszentrale für gesundheitliche Aufklärung (BZgA): Jugendsexualität. Repräsentative Wiederholungsbefragung von 14- bis 17-Jährigen und ihren Eltern. Aktueller Schwerpunkt Migration. Köln, 2010.

Carpentier, Melissa Y. / Chaffin, Mark / Silovsky, Jane F.: Randomized Trial of Treatment for Children with Sexual Behavior Problems: Ten-Year Follow-Up. Journal of Consulting and Clinical Psychology, 2006, Vol. 74, No. 3, 482–488.

Cooper, Sharon: »Auf wie viele verschiedene Arten kannst Du mir weh tun?«. Vortrag auf der Konferenz zum Schutz vor sexueller Gewalt gegen Kinder und Jugendliche mit Fokus auf neue Medien: Perspektiven für Europa. Berlin, 2009. (www.child-protection-conference.org/dokumentation.html)

Döring, Nicola: Sexting. Fakten und Fiktionen über den Austausch erotischer Handyfotos unter Jugendlichen. medien + erziehung. 56. Jahrgang, Heft 05/12. S.47–52. kopaed Verlag. München. 2005.

Fegert; Jörg / Rassenhofer, Miriam / Schneider, Thekla / Seitz, Alexander / Spröber, Nina. Sexueller Kindesmissbrauch – Zeugnisse, Botschaften, Konsequenzen: Ergebnisse der Begleitforschung für die Anlaufstelle der Unabhängigen Beauftragten … (Studien und Praxishilfen zum Kinderschutz). Beltz Juventa, 2013.

Grimm, Petra / Rhein, Stefanie: Slapping, Bullying, Snuffing! Zur Problematik von gewalthaltigen und pornografischen Videoclips auf Mobiltelefonen von Jugendlichen. Berlin: Vistas, 2007.

Grimm, Petra / Rhein, Stefanie / Müller, Michael: Porno im Web 2.0 – Die Bedeutung sexualisierter Web-Inhalte in der Lebenswelt von Jugendlichen. Schriftenreihe der NLM. Berlin: Vistas, 2010.

Hoffmann, Daniel: Sexting. Der erotische Foto- und Nachrichtentausch unter Jugendlichen und jungen Erwachsenen. Kompetenzzentrum geschlechtergerechte Kinder und Jugendhilfe Sachsen-Anhalt e. V. (Hrsg.): 2012

INSAFE-INHOPE. Working together for a better internet for children and young people: Annual Report, 2013.

Internet Watch Foundation (IWF): 2013 Annual and Charity Report, 2013.

Katzer, Catarina: Aggression, Gewalt und sexuelle Belästigung in Chatrooms. Eine Untersuchung der Chat-Kommunikation Jugendlicher im Alter zwischen 10 und 19 Jahren. Köln: Institut für Wirtschafts- und Sozialpsychologie, 2005.

Katzer, Catarina: Cybermobbing. Wenn das Internet zur W@ffe wird. Heidelberg: Springer Spektrum, 2014.

Livingstone, Sonia / Haddon, Leslie / Görzig, Anke / Ólafsson, Kjartan: Risks and safety on the internet: The perspective of European children. Full Findings. LSE, London: EU Kids Online II, 2011.

Livingstone, Sonia / Haddon, Leslie / Görzig, Anke / Ólafsson, Kjartan: Risiken & Sicherheit im Internet. Befunde einer empirischen Untersuchung zur Onlinenutzung von Kindern und Jugendlichen.

Überblick über europäische Ergebnisse. Hamburg: Hans-Bredow-Institut, 2011.

Medienpädagogischer Forschungsverbund Südwest (mpfs): JIM-Studie 2013. Jugend, Information, (Multi-)Media. Basisstudie zum Medienumgang 12- bis 19-Jähriger in Deutschland. Stuttgart, 2013.

Medienpädagogischer Forschungsverbund Südwest (mpfs): KIM-Studie 2012. Kinder und Medien, Computer und Internet. Basisuntersuchung zum Medienumgang 6- bis 13-Jähriger in Deutschland. Stuttgart, 2012.

Meier, Bernd-Dieter: »Kinderpornographie im Internet. Ergebnisse eines Forschungsprojekts«, S. 374–391 in: Dieter Dölling & Jörg-Martin Jehle (Hrsg.), Taten – Täter – Opfer. Grundlagenfragen und aktuelle Probleme der Kriminalität und ihrer Kontrolle. Mönchengladbach: Forum Verlag Godesberg, 2013.

Müller, Wunibald: Verschwiegene Wunden. München, 2010.

Oosterbaan, Andrew G. / Ibrahim, Anitha: Report to LEPSG on the »Global Symposium for Examining the Relationship Between Online and Offline Offenses and Preventing the Sexual Exploitation of Children«. Washington, DC: U.S. Department of Justice, Criminal Division, Child Exploitation and Obscenity Section, 2009.

Salter, Anna. Sadistic versus non-Sadistic Sex Offenders: How They Think, What They Do. Thousand Oaks: Sage Publications Inc, 1999.

Salter, Anna. Sadistic and Nonsadistic Offenders: How They Think, What They Do. Als VHS-Kassette und DVD beziehbar über Specialized Training Services, San Diego, CA. (www.specializedtraining.com).

Telemedicus e. V.: Staatsvertrag über den Schutz der Menschenwürde und den Jugendschutz in Rundfunk und Telemedien (Jugendschutz-Staatsvertrag-JMStV). Münster: 2011. Lesefassung verfügbar unter www.telemedicus.info/article/1878-Lesefassung-des-Jugendmedienschutz-Staatsvertrags-2011.html.

Weller, Konrad (Hrsg.). PARTNER4. Sexualität & Partnerschaft ostdeutscher Jugendlicher im historischen Vergleich. Handout zum Symposium an der HS Merseburg. Merseburg 2013.

Dank

Ich danke dem Verlag für die Anregung zu diesem Buch sowie Dr. Doris Mendlewitsch und Christine Gerber für die intensive, gute Zusammenarbeit.

Meiner Kollegin Annette Haardt-Becker danke ich für ihre wertvollen Kommentare zu diesem Buch und die wundervolle langjährige gemeinsame Arbeit.

Ich danke Soscha zu Eulenburg, die mich mit Innocence in Danger in Kontakt brachte, und dem Präsidium für mittlerweile fast zwölf großartige Jahre. Besonders geht mein Dank an Homayra Sellier, die diese Bewegung ins Leben rief – außerdem an Dorothea von Eberhardt, die Innocence in Danger e. V. nach Deutschland holte.

1992 war der Beginn einer wundersamen Reise. Zufall oder Schicksal brachte mich in Kontakt mit Flora Colao vom »Children's Safety Project« in New York City – der Anstoß meiner Beschäftigung mit dem Thema »sexueller Missbrauch«.

Seitdem bin ich vielen Menschen begegnet, die mich in vielfältiger Weise geprägt haben. Ihnen allen danke ich von Herzen für gemeinsam beschrittene Wege, Einsichten, Herausforderungen und vor allem humorvolles Miteinanderarbeiten.

Mein größter Dank aber gebührt allen betroffenen Kindern und Jugendlichen, die den Mut hatten, das manchmal schier Unaussprechliche auszudrücken, und die mir erlaubten, sie ein Stück auf ihrem Weg zu begleiten.